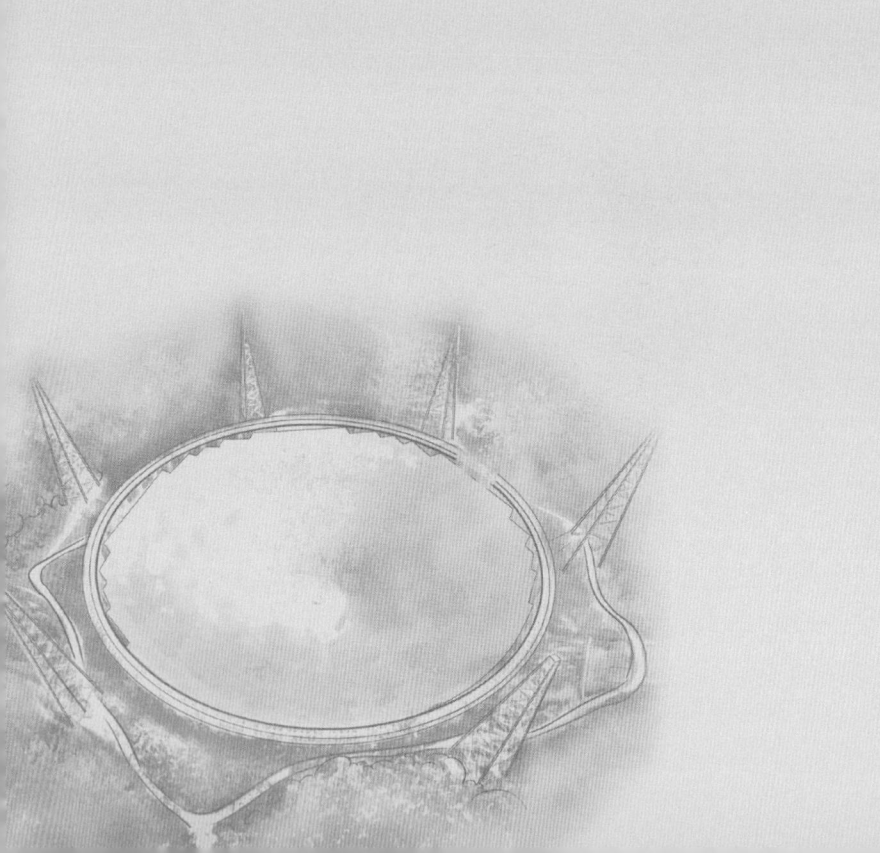

时代楷模丛书

"中国天眼"

南仁东的故事

海飞 主编　卢戎 著

四川科学技术出版社

海豚出版社
DOLPHIN BOOKS

CICG　中国国际传播集团

图书在版编目（CIP）数据

"中国天眼"：南仁东的故事 / 海飞主编；卢戎著 . -- 成都：四川科学技术出版社；北京：海豚出版社，2025.1. --（"时代楷模"丛书）. -- ISBN 978-7-5727-1718-5

Ⅰ. K826.14

中国国家版本馆 CIP 数据核字第 20251WG906 号

"时代楷模"丛书
"SHIDAI KAIMO" CONGSHU

"中国天眼"　南仁东的故事
"ZHONGGUO TIANYAN"　NAN RENDONG DE GUSHI

海 飞 主编　　卢 戎 著

出 品 人　程佳月
选题策划　鄢孟君
责任编辑　魏晓涵
助理编辑　余 昉 王雯悦 董望旺
营销编辑　李 卫 刘 成
封面设计　王晓珍
责任出版　欧晓春
出版发行　**四川科学技术出版社**
　　　　　成都市锦江区三色路 238 号 邮政编码 610023
　　　　　官方微信公众号 sckjcbs
　　　　　传真 028-86361756
成品尺寸　148 mm×210 mm
印　　张　4.5
字　　数　90 千
印　　刷　四川华龙印务有限公司
版　　次　2025 年 1 月第 1 版
印　　次　2025 年 6 月第 1 次印刷
定　　价　22.80 元

ISBN 978-7-5727-1718-5

邮　　购：成都市锦江区三色路 238 号新华之星 A 座 25 层　邮政编码：610023
电　　话：028-86361770

英雄照亮时代 楷模就在身边

每个时代都有每个时代的英雄。

在炮火纷飞的战争年代，一批又一批的英雄为了中华民族的崛起而抛头颅、洒热血，他们身上体现了中华民族伟大的民族精神和崇高的民族气节。赵一曼、刘胡兰、董存瑞、黄继光、邱少云……这一个个闪光的名字和他们的英勇事迹家喻户晓，值得我们永远铭记。

如今，在我们身边，依然有无数的英雄，他们就是在各自的岗位上无私奉献的"时代楷模"。

"时代楷模"是由中共中央宣传部集中组织宣传的全国重大先进典型，他们的情操健康高尚，事迹厚重感人，影响广泛深远，充分体现了新时代"爱国、敬业、诚信、友善"的价值准则与中华传统美德。他们就像天上的星星，照亮天空，照亮我们这个时代。同时，他们也是普通人，在平凡的岗位上默默坚守，做出了伟大贡献。

为了更好地向中小学生讲述"时代楷模"的感人事迹，激发学生的民族自信心和自豪感，四川科学技术出版社、海豚出版社特此出版"时代楷模"丛书。丛书每册选取一位"时代楷模"（或一个"时代楷模"集体），并邀请国内知名儿童文学作家对其事迹进行文学加工，生动刻画人物形象，以提高中小学生读者的阅读体验。

人生如扣扣子，第一粒扣子扣错了，后边的扣子就会跟着错。万事开头难，难就难在要走好正确的第一步，确定你想扣怎样的人生扣子，你想实现怎样的人生价值。只有第一步走对了，只有第一粒扣子扣对了，你才能走好自己的人生路。

我们希望通过这套丛书，让中小学生走近这些当代英雄，了解他们的先进事迹，树立正确的价值观和远大的人生志向，"扣好人生第一粒扣子"。

四川科学技术出版社、海豚出版社

2024年6月

目 录

引子　　　　　　　　　　　　　　　1

01　梦想是远方的灯塔　　　　　　　3

02　仰望苍穹　脚踏实地　　　　　　21

03　超级"推销员"　　　　　　　　37

04　众里寻它千百度　　　　　　　　57

05　追求完美的"老爷子"　　　　　73

06　夜空中多了一颗"南仁东星"　　99

07　宅心仁厚　鞠躬尽瘁　　　　　113

08　地球上看得最远的地方　　　　127

引子

南仁东从中年到暮年，花了23年时间，只做了一件事。他带领团队打造了世界上最大的单口径球面射电望远镜FAST，让中国的天文学家看到了更深远的星空。他极大地推动了中国射电天文学研究的发展，使我国的天文事业从跟跑者成为领跑者；他是FAST的倡导者、设计者和建设者，人们亲切地称他为"天眼之父"；他用自己的一生成就了一个国家的骄傲，把看似不可能完成的项目，铸成了一个奇迹。他是当之无愧的"时代楷模"。

01

梦想是远方的灯塔

　　南仁东和很多天文学家一样，从小就对星空充满了好奇。小时候，他很爱听老人们讲与天空有关的神话故事，后来断断续续地了解了一些天文知识后，就更加好奇了。上小学以后，他经常在夜幕降临的时候仰望星空，面对繁星满天的美妙景象，他的脑子里总是会冒出来很多问题：每颗星星都有名字吗？它们距离我们有多远？星星上面有小朋友吗？月亮上真的有嫦娥吗？用天文望远镜能看多远？我想看看……

　　宇宙实在是太神秘了，他苦思冥想，想弄清楚。想得久了，想得多了，他就去山上看星星，与星星对话。

　　后来，南仁东订阅了很多关于宇宙星空的杂志。他告诉自己："等我长大了，我一定要找到答案。"

　　俗话说"秀才不出门，能知天下事"，那么，"秀才"是怎样拥有如此之大的能耐的呢？究其原因，既不是像传奇人物诸葛亮那样占星卜卦，也不是闭门思索，而是在于大量的阅读。

　　一个热爱阅读的孩子，才能安静地进入知识的海洋，从而激发求知欲，长大后才有可能成为一个

卓越的人。

南仁东从小就对读书很痴迷，痴迷到只要是带字的东西他都要看一看。那时候家里条件有限，不能总买书，他就攒了零花钱去书摊上租书看，去的次数多了，与摊主也熟了，摊主便经常让他免费看。

南仁东从小博览群书，从而知古今、明事理、炼心智，造就了睿智的眼光、敏锐的思维、豁达的心胸。那时候，他懂的东西就已经很多了，脑子里像装了个知识宝库，很多都是课本上学不到的。同学们都愿意跟他玩，因为和他聊天很长知识。

南仁东1945年2月出生在吉林省辽源市，父亲是矿务局的工程师。他在6个兄弟姐妹中排行第二。他记忆力特别好，是兄弟姐妹中成绩最好的。从辽源中兴小学到辽源四中，再到辽源五中，南仁东一直名列前茅，家里挂满了他的奖状。学校里的课程从来没有难倒过他，也没有耗费他太多的时间。他是怎么做到的呢？

原来，南仁东有自己独特的学习方法。因为有一颗好奇心，他总是在课前自己先了解老师没讲过的内容，看看自己能懂多少。如果课堂上老师讲的和他理解的一样，无形中就巩固了知识点；如果有弄不懂的，课堂上他会留意听，听了老师的讲解，豁然开朗后，会留下更深刻的印象。这就是我们所说的预习。

南仁东不仅博览群书，而且爱好广泛。他的童年和少年时期过得丰富多彩：出黑板报、谱曲、游泳、滑冰、画画……

南仁东对这个世界充满了极大的好奇，动手能力极强，对于感兴趣的东西，他不仅仅是想一想，还会付诸行动，想方设法弄清楚。

那时南仁东有一台照相机，课余时间他会去拍校内外的风景和同学们的身影。夜幕降临，他把教室布置成暗室，试着自己洗照片。

你知道吗？要想自己洗照片，至少要准备显影罐、卷片盘、温度计、量杯、存储容器、盘子、夹子、安全灯、显影液和定影液等一系列东西。也许你想着这么复杂就放弃吧，但是南仁东却乐在其中。

那时候，照相很不方便，相机可不是家家都有的，同学们有幸留下的珍贵照片很多都来自南仁东。

哪怕是高三备考，大家都在拼命复习，恨不得把所有和学习无关的事情全部放下，只剩下学习这一件事，南仁东却依然兼顾着自己的爱好。

他如此淡定，是因为平常学习扎实，对考试胸有成竹。

临近高考时，北京有个军校来学校招生。由于南仁东品学兼优，学校经研究，决定把保送名额给他。

亲朋好友们听说后都替他高兴。要知道，高考是人生中很关键的一道坎儿。南仁东如果被保送，就可以不用参加高考，直接进入大学，而且是军校。多让人羡慕啊！

南仁东的态度却令所有人瞠目结舌，他的答案是：拒绝保送。

"我有自己的目标，我要凭自己的能力获得清华大学、北京大学的录取通知书。"南仁东坚定地说。

"考清华、北大？万一考不上怎么办？这可不是闹着玩儿的。你再考虑一下吧！"父母为他感到惋惜，也为他担心。

"我一定能考上！除了这两所学校，我哪儿也不去。"南仁东的倔强中透着自信，父母只能依了他。

高考结束了。从考场走出来的时候，南仁东很轻松。显然，他答题很流畅，发挥得很好。

成绩出来了，南仁东以吉林省理科第一名的成绩被清华大学录取！不仅如此，他还成为学校所在的四平地区10年来唯一考入清华大学的学子。

可拿到录取通知书的那一刻，南仁东的喜悦瞬间就消失了。这是为什么呢？

原来他报考的是建筑专业，但是却被无线电系真空及超高频技术专业录取了，这不是他想要的。

那时国家急缺无线电人才。中华人民共和国成立后，为了系统地引导科学研究为国家建设服务，中央政府制定了中华人民共和国第一个中长期科技规划，提出了多项重大科学技术任务，无线电技术就是其中之一。

无线电系录取分数高，南仁东的高考分数超出了建筑系录取线50多分，就被调剂到无线电系了。这使南仁东感到很不痛快。

南仁东对爸爸说："国家缺少无线电人才，难道就要牺牲我的兴趣爱好吗？"

"你确定要成为一名建筑师吗？"爸爸很认真地看着他问道。

听爸爸这么一说，南仁东倒认真思考起来，他从小就想成为像爸爸那样的工程师，但是否成为建筑师，他还真没想得那么清楚。他回答道："可是我想像您一样，成为一名工程师。"

爸爸与他对视，眼神里满是鼓励与期待："既然是想做工程师，无线电工程师也很好啊！况且国家现在需要这方面的人才，去国家最需要的地方，将来用你的所学为国家作出贡献，你会更有成就感的。"

南仁东点了点头。爸爸说的话很中肯，不是空洞的大道理，他听得入心了，也理解了，乖乖地去清华大学报到了。

做好一件事的前提是热爱，有了热爱，你才愿意将自己的一生与其联系起来，才能在遇到任何困难的时候都不放弃，最终在事业的成功中实现人生的价值。

入学前南仁东放弃建筑专业选择无线电工程是一种情怀，将自己的选择看成民族大业的一部分，在入学真正了解了这个专业后，无线电工程才成为他毕生的热爱。

他觉得自己将来一定会成为一名优秀的无线电工程师。

是金子在哪里都会发光。因为基础扎实，学习方法得当，南仁东在大学里又成为了同学们眼中的"学霸"。那时候学校里组织机械制图比赛，作为无线电系的学生，南仁东战胜了机械专业的同学，一举夺得了第一名，成为一个传奇。

周恩来总理到清华大学视察的时候，南仁东有幸作为优秀学生代表发言。周总理鼓励学生们要敢于攀登世界高峰，给南仁东留下了很深的印象。

同学们都说南仁东的记忆力超好，简直好到一种"惊人"的程度。他不仅仅是过目不忘，而且记得也非常准确，甚至可以在大脑里一页页地翻书。他好像有特异功能一样，成为同学们眼中的"最强大脑"。原来，那是他在学生时代通过大量阅读培养出来的"照相式记忆法"。如今，随着早期教育的科学开发，这种能力得到了广泛的认可和培养。这是一种利用左右脑的记忆能力，通过图像和联想来提高记忆效率的方法。

南仁东的大学生活丰富而平稳。除了学习之外，他辗转几千公里去看了祖国的大好河山，了解了各地的风土人情。他大三时去了上海，之后又去了四川、陕西、甘肃，后来去了新疆。南仁东是满族人，他萌生了去寻根的想法；他还想去看看蒙古包，听一听长调民歌，喝一碗奶茶……

从呼和浩特回到北京的时候，南仁东的心绪难以平静。祖国的大好河山如此壮美，他踌躇满志，决心把毕生的精力都奉献给祖国。

南仁东那时候写给中学同学的信里有这样的话："我现在是一名大学生，是人民用十倍的代价养活了我，如果能力允许的话，以后我要用百倍、千倍的劳动还给人民。"

自此，南仁东开始潜心自学英语。那时候，大学里俄语是必修外语，谁也没有意识到多年后英语会成为中国大学里的必修外语。后来同学们都很佩服他的预见性。

宿舍里人多嘈杂，学习受干扰，南仁东就带着英语书和词典，去校园里找地方学习。草坪上、大树下、僻静的角落里，到处都留下了他的身影。他迷上了英语，越学越喜欢，越学越有兴趣，背单词、练音标、记语法……

为了提高学习效率，南仁东列出了学习计划，并且对自己提出了很高的要求。他要求自己把英语词典全部背下来。他一页一页地背，为了督促自己，不惜把彻底背下来的页码撕掉。

随着南仁东背下来的内容越来越多，他手里的英语词典变得破烂不堪，而且越来越薄。

多年后，"中国天眼"的申建在通过国际评审时，南仁东的英语阐述给专家们留下了深刻的印象。他们不知道的是，南仁东的英语竟然是自学的。

1968年，南仁东大学毕业后被分配到吉林省通化市无线电厂，负责包装工作。到了工作岗位以后，南仁东觉得包装工作和自己的专业与能力不相匹配。

于是，他敲开了厂长办公室的门，找厂长谈话要求调换工种。厂长同意了，把他调到了无线电组装车间，做"小金工"。

"金工"是金属的各种加工工作的总称。南仁东在这里一干就是十年。十年间，他做过车工、钳工、铣工、磨工、焊接，以及一些特殊加工工作。那时候，他整天与锯条、剪钳、铁锤、铝钳口、锉刷、游标卡尺这些铁家伙打交道，手上经常磨出血泡，受伤也是家常便饭，但他从没有抱怨过。

难以置信吧，当年那个满手老茧、浑身机油的车间工人，竟能成为了不起的天文学家。可能正应验了那句"天将降大任于是人也，必先苦其心志，劳其筋骨"吧！

很多人做"小金工"，一做就是一辈子，一直做到退休。而南仁东做"小金工"这十年，却是他高高跃起前的匍匐，对他的一生有着非同寻常的意义。在这里，他懂得了什么是一丝不苟，什么是"工匠精神"。南仁东对自己手里的活儿要求很高，绝对不允许出废品。

那时候，工厂里大部分是初中生，高中生已经算是高学历了，大学生的比例就更低了。南仁东这个大学生绝对是百里挑一的人才，更何况是清华大学的毕业生。但是他和同事们在相同的岗位工作，工资也没有多大的差别，混得熟了，大家也就忽略了他的学历。

南仁东虽然在车间里做工人，但他的艺术才华、学习能力和创造力在不断地显现。

一天，南仁东看到礼堂里挂着一幅毛主席像，他端详了好几遍，认为画得不像，没有画出毛主席的神采和气质。于是，他向厂长提出要画一幅更好的。

他的想法得到了支持，厂长马上安排人给他提供了材料和场地。那些日子里，他不与外界打交道，把自己关在一间闲置的大屋子里安心作画。

当5米高的巨幅画像完工后，南仁东叫厂长和同事们来看。大家都惊呼："太像了，画得太逼真了！"此时，南仁东这个在工厂里被"埋没"了多年的清华大学高才生才"浮出水面"，受到大家的关注。

后来，同事们家里有喜事，南仁东都会奉上一幅画作，以示庆贺。

那年，厂里接到研发便携式小型收音机的任务，南仁东被任命为科研小组组长。南仁东把自己学到的无线电知识与生产结合起来，从设计图纸到设计模具样板，他都亲力亲为，有时候电镀也会直接上手。

收音机研制成功了，南仁东给它起了一个很合时宜且响亮的名字——"向阳牌"。"向阳牌"收音机迅速销往各大城市。随着它的声音传遍天南海北，"向阳牌"也在全国打响了名声。

1970年，南仁东所在的无线电组装车间从无线电厂分离出来，成为一个独立的无线电企业，也就是后来的吉林省通化无线电厂。

那时候，我们国家急需研制电视发射机。刚分离出来的厂接到了研制10千瓦电视发射机的重任。

因为有着成熟的研制经验，南仁东成为电视发射机研制组的组长。

研制过程虽然困难重重，但同事们觉得，有南仁东在，一切问题都能得到解决。

发射机上好多机床车打磨不到的细微部件，南仁东就自己动手做。他手工做出的零件精准且漂亮，丝毫不输机器打磨的效果。

在南仁东和同事们的努力下，10千瓦电视发射机研制成功，并且顺利地通过了省级验收。

有了这些研制经验，之后他们与吉林大学合作研制计算机也就顺理成章了。当时他们研制的计算机，一台卖到了一万三千元的"天价"。随着计算机的大批量生产，吉林省通化无线电厂一举成为当时的纳税大户，南仁东也因为工作出色，被任命为技术科长。在这个位置上，他全面了解了产品的设计、生产、包装、运输的整个流程。

南仁东始终把自己定位成一个工人，可他真的不是一个普通的工人。他把所学的各学科知识应用到技术中，把技术变成产品，再把产品变为商品。在这个过程中，他把自己锤炼成拥有科研创新、设计制造、团队协作等综合实力的优秀人才，可他常常谦虚地说："我是个战术型的工人。"

有人说，南仁东太有才了，做工人实在是太可惜了，他应该有更好的平台。

1977年，国家恢复了高考制度，对于渴望知识的南仁东来说，无疑是一个响亮的召唤。1978年，研究生开始招生，南仁东决定去报考，他要到学校里继续深造。心中那个埋藏了很多年的关于星星的梦想，促使他去寻找答案。

"我想报考天文学专业。"他对妻子说。

"啊，是吗？想好了吗？天文学专业可是很难考的啊！"

"难考才有挑战性，我怕过考试吗？对我来说难考，对别人也一样啊！"南仁东很自信。此时他越来越清晰地觉得，天空在召唤他，天文学才是他内心的向往，是他人生的终极目标。

为了备考，南仁东白天照常上班，晚上回家复习到深夜。东北的冬天很冷，那时候家里没有暖气，南仁东就戴着棉帽子、穿着棉衣复习功课。

妻子看在眼里疼在心里，默默许愿，希望他能如愿以偿。

1978年夏天，南仁东走进了考场。

成绩出来了，他如愿以偿考上了中国科学院，成为天体物理专业的研究生。

毕业后，南仁东到北京天文台（现中国科学院国家天文台）沙河观测站工作，从此与星空结下了不解之缘，开启了仰望星空之旅。

02

仰望苍穹
脚踏实地

走进天文学的大门，南仁东很快乐。对天文知识的学习，使他觉得更加接近宇宙、接近梦想。他经常自问："我们是谁？我们从哪里来？茫茫宇宙中我们真的孤独吗？"他知道，人类之所以从低等的生命演化成现在这样，出现了人类文明，就是因为有一种对未知的探索精神。

他把这种探索精神投向了神秘的宇宙太空，他要用余生去追寻那个谜底。

南仁东的导师是著名天文学家王绶琯院士，他是中国现代天体物理学的奠基人之一。在南仁东硕士研究生和博士研究生的求学阶段，王绶琯院士始终是他的导师。

对于天文学，南仁东在学生时期读过许多相关的书籍，那时就已经在心里埋下了一颗天文梦的种子，但他原以为那只是一个爱好，是一个懵懂少年对于宇宙的好奇。他从来没有奢望过能成为一个天文学家，特别是学了无线电专业以后，他更觉得研究天文学是个不着边际的梦想。如今，他走进北京天文台，成为中国著名天文学家王绶琯院士的学生，他看到了实现这个梦想的可能性。他觉得很惊喜，简直是不可思议。

在这里，南仁东详细了解到世界天文学的发展状况、我国天文学的发展现状以及在世界上的地位。

早在战国时期，魏国天文学家石申和齐国天文学家甘德就已经开始观测宇宙并做了记录。他们的著作合称《甘石星经》，是世界上最早的天文学著作。《甘石星经》详细记载了五大行星的运行情况及出没规律，还记录了800多颗恒星的名字，其中120颗恒星被测定了方位。

1609年，伽利略第一次把天文望远镜对准太空，并于次年观测到四颗木星卫星。伽利略望远镜的发明使人类得以探测到更为深远的太空。

观测是天文学研究的主要实验方法。绝大多数天体距离我们很遥远，到达地球的能量非常微弱，所以对这些天体的观测特别困难，因此，观测手段越多，效果越好。

1931年，美国贝尔实验室的卡尔·央斯基捕捉到了一个十分微弱而又稳定的信号，并且发现这个信号来自太阳系外，那就是来自宇宙天体的电磁波。这一发现被世界天文界视为射电天文学的起点。之后，美国无线电工程师格罗特·雷伯成功完成了抛物面射电望远镜的设计制造。

射电望远镜的特点是可以观测天体无线电波段的辐射。它可以轻松地透过可见光无法穿透的宇宙尘等星际物质，成为探测宇宙的利器。

20世纪60年代，科学家们用射电望远镜获得了四项射电天文学非常重要的发现：脉冲星、类星体、星际有机分子和宇宙微波背景辐射，成为20世纪最为耀眼的天文学成就。

和光学望远镜几百年的历史相比，射电望远镜仅有几十年的历史，但因为它有着非常广阔的发展前景和无限的研究空间，在20世纪科技发展中占有重要的地位。

诺贝尔物理学奖历史上天文观测方面的十多项获奖成果中有近一半出自射电望远镜的观测成果，可见它在天文学研究中具有重要意义。

1968年2月，休伊什和贝尔在英国《自然》杂志发表文章，阐述了用射电望远镜发现新型天体——脉冲星的过程和意义。

那么，什么是脉冲星呢？

假设有一天人类真的实现了星际航行，在茫茫宇宙中该如何寻找方向并精确定位呢？脉冲星能帮助我们。脉冲星是高速自转的中子星，具有极其规律的信号周期。因此，脉冲星能成为星际航行的灯塔，为在星际飞行的航天器提供自主导航信息服务。

南仁东的导师王绶琯院士告诉他：早在1958年，英国的射电望远镜就已经投入使用，澳大利亚也在紧锣密鼓地兴建中，而中国仅能借助中苏两国在海南联合观测日环食之机，从苏联引进射电天文技术。那次观测，中方团队由王绶琯院士和无线电电子学家陈芳允院士带队，队员由国家天文台几个年轻的研究人员和几所高校无线电专业的年轻教师组成，力量非常单薄。苏方由射电天文学家带队，他们带来了几台射电望远镜，工作波长从厘米波到分米波都有。

观测结束后，中国科学院向苏方提出，留借两台厘米波射电望远镜，安放在北京天文台沙河工作站，由电子学研究所和北京天文台合作启动我国射电天文研究。王绶琯院士受命实施中国射电天文发展计划……

我国射电天文事业起点低、起步晚，观测设备要依靠外援，再加上种种原因，在那之后的二十几年，我国的射电天文之路前行艰难，成果也寥寥无几。

王绶琯院士亲历了这一切，很着急。他希望自己的学生能后来居上，奋起直追。

南仁东领会了导师的期望，发奋学习，努力钻研。1978年，南仁东在研究生期间独立提出利用射电强源Cyg A校准密云米波综合孔径望远镜的方法，成功应用于观测，并完成了电离层改正模型和望远镜阵列的成像。

1983年，中国射电天文界将北京天文台密云射电观测站的太阳干涉仪由16面6米口径天线扩展为28面9米口径天线，形成了相当于1 000米口径天线的综合孔径阵列，开始了真正意义上的宇宙射电观测研究。

1985年的一天，导师问南仁东："有一个去荷兰访问学习的机会，你想不想去？"

"去荷兰？这太好了！荷兰有国际著名的射电天文学研究中心。去！一定要去！"好学的南仁东想抓住一切学习机会。读了这么多年的书，四十岁的他在不惑之年开始行万里路，开阔视野。

因为当时条件所限，南仁东只能坐火车去。上万公里的路，南仁东要独自坐着火车横穿西伯利亚，经过苏联和东欧几个国家才能到达荷兰，但他却丝毫没有犯难，反而很开心。

他带着行李，满怀期待地出发了。路途遥远，一路上的劳累奔波自然是少不了的，但这些对他来说根本不算什么。只要能够平安到达，一切都不在话下。

然而，意外还是发生了！经过东欧几个国家的时候，边防人员硬要向他收费，这是意料之外的事情。他带的钱省着点花，是刚好能到荷兰的，根本没有多余的预算，但是不给就不放行。南仁东被迫拿出这些费用后，身上的钱就所剩无几了，算了算，买不起去荷兰的火车票了。

南仁东犯了难。走了这么远，即便到不了荷兰，就是回国也没钱买车票啊！难道真的走投无路了吗？

不行，这么好的学习机会绝对不能放弃！可是买不了票又如何能继续行程呢？

南仁东进退两难，简直是叫天天不应，叫地地不灵。

这种事情要是放到现在，也许也不是什么难事——银行汇款会实时到账，机票也可以在网上找别人远程购买。可当时情况与现在没法比，没有互联网，没有手机，与国内联系非常困难，汇款也很不方便。

南仁东坐在街边的长椅上，回想自己活了四十年，遇到过无数困难，不是每一次都迎刃而解了吗？他相信，这一次也一定会找到办法的。

南仁东灵机一动。对了，我不是会画画吗？

他迅速找到一家商店，把身上仅有的钱掏出来，买了一些画笔和纸，在路边支了个简易的画摊。

所幸的是，南仁东大学期间自学过英语，此时还真派上了用场。

他小声地问从身边经过的人："先生，我可以给您画一幅肖像吗？""女士您好，我可以给您画一幅肖像吗？"但是没有一个人在他身边停下脚步——他的画摊实在太简陋了，而且只是摆着一些白纸，谁知道能画

成什么样？万一画不好，岂不是浪费了时间。

"先生，您愿意让我给您画幅肖像吗？不用付费的，免费。"南仁东对路过的一位长者说。没想到这位长者竟然同意了，他安静地坐下来，南仁东拿起画笔开始作画。

南仁东专注地画着，他一边画，一边不断地抬头观察眼前的模特。此时身边有一些好奇的人驻足观看。肖像快画好时，周围已经有十几个人围观了。人们觉得画得很像，纷纷点头称赞，并露出了赞赏的笑容。

老者拿着画满意地离开后，就陆续有人坐在南仁东的面前，让南仁东把自己的容貌变成一幅素描。

因为画得好，又画得快，南仁东的生意不错。之前来画过的，把画带回去给身边的朋友们看，随后就有新的客户来了。

那时的人们，只知道这个路边作画的是个落魄的中国人，如果知道这个中国人日后会成为国际顶尖的射电天文学家，相信他们一定会把这些画视若珍宝。

南仁东的"生意"越来越好，来找他作画的人也越来越多，但他不敢"恋战"，挣够了去荷兰的车票钱，就立即动身前往荷兰。

他在荷兰德云格勒天文台做访问学者，收获颇丰。之后的时间里，南仁东先后在日本、美国、英国、意大利等多国的天文机构进行学习和客座研究。

回国后，南仁东就留在原北京天文台工作，任副研究员。

从1984年开始，南仁东就取得了令人瞩目的研究成果，以下是中国科学院官方网站的记载。

1984年开始，南仁东使用国际甚长基线网（VLBI）对活动星系核进行系统观测研究，主持完成欧洲和全球网的十余次观测。在国际上首次将VLBI"快照"模式应用到天体物理观测领域，取得了丰硕的成果；纠正了类星体3C119的前期观测结论，认证了多个类星体及射电星系的中央发动机；……类星体3C119的VLBI混合成图，达到了当时国际最高动态范围水平。……建立了北京天文台VLBI相关后图像处理中心，使我们国家在20世纪80年代有了VLBI数据分析的可能。

　　因为成就显著，90年代初，日本国立天文台聘请南仁东为客座教授，给他的薪资是国内的几百倍。但南仁东心里却五味杂陈，有着隐隐的不安。他感觉到，国外虽然给的薪水很高，自己似乎也很受尊重，但是他们从骨子里，根本瞧不起中国。

　　当时我们国家的研究水平和世界上先进国家的研究水平相比，差距还很大。中国没有先进的设备，观测研究要借用其他国家的望远镜，借用还被限定时间，每次能够使用一个小时已经很不错了。中国的天文学家使用的天文观测数据，也都是国外使用过的。

　　虽然国家对天文学的投入越来越大，但发展天文事业不可能一蹴而就。科学进步需要几代人的努力。改变落后现状，责任重大。时间不等人啊！

　　有好的望远镜，科学家们才能看得更远，才能观测到暗弱的天体，才可能发现新的天文学现象。南仁东多么希望我们国家能够建成世界一流的大射电望远镜啊！

可是，这又是何其难的事情。在哪儿建？怎么建？建成什么样的？钱从哪儿出？那可不是几个亿就能建成的啊！

"哪怕不讲第一，也应该看到离第一有多远，而这正是迈向第一的方向。"南仁东对身边的人说。

机会来了。

1993年，国际无线电科学联盟大会在日本东京召开，大会专门组织了一场题为"第三个千年的射电望远镜"学术报告和讨论会。科学家们提出，要在全球电波环境继续恶化之前，建造新一代射电望远镜，接收来自外太空更多的信息，真正看一眼初始的宇宙，弄清楚宇宙的结构是如何形成和演化至今的。

这可是个振奋人心的消息！

大会还专门成立了由包括中国在内的10国天文学家组成的国际大射电望远镜工作组。此次大会的任务是，为这一巨大的工程预测科学产出、确认总体功能指标、提出不同的技术路线、比较可行性和造价，并协调实现既定目标中的国际合作。

那时候，很多国家已经有了先进的射电望远镜。

当时世界上最大的射电望远镜有两个：一个是100米口径的德国波恩埃费尔斯贝格射电望远镜，另一个是波多黎各反射口径达350米的美国阿雷西博望远镜。而当时我国最大的射电望远镜建在新疆乌鲁木齐，口径只有25米。实力相差实在是太大了。

如果把这个多国天文学家提出的大射电望远镜建在中国，必然会得到多国技术及资金的支持。南仁东得知后，认为这么好的机会，我们一定要争取。

他一把推开中国参会代表吴盛殷教授的门："我们积极参加这个竞争，争取把大射电望远镜建到中国吧！"

他认为争取到中国来的不仅是资金，还有世界上最先进的天文技术以及和多国的合作机会。我们将会有更多的机会去接触和学习国外最新的无线电、天线制作、通信、计算机、材料与工艺等先进技术，并将极大地提高我国天文学的总体水平。科学无国界，大射电望远镜不仅事关国家的科学发展，同时中国也能为世界天文研究作出贡献。

南仁东梦想打造中国探索宇宙未知的大国重器，

让中国的天文学家看到更深远的星空。

　　1994年，时任北京天文学会理事长的南仁东在北京国家天文台的支持下，着手联络国内外的众多科学家，推进大射电望远镜在我国的申建计划。

03

超级"推销员"

2008年12月26日，贵州省平塘县沸腾了！这一天，县城和大窝凼主会场到处张灯结彩，比过年还热闹。国家天文台要在大窝凼举行500米口径球面射电望远镜FAST工程奠基典礼。

此刻，大窝凼这个平日里不为人知的小山洼，吸引了全世界的目光。国内外的专家学者、政府领导和当地老百姓，纷纷汇聚到大窝凼，道路两旁停满各种车辆，一眼望不到头。

随着一声"FAST工程奠基"，基石落地，大家挥动系着红绸子的铁铲填土。唢呐声起，掌布民族舞蹈、卡蒲的民族风情尽展英姿。当天晚上，在政府大楼前的广场上，还举行了隆重的歌舞晚会。

FAST作为世界上最大的单口径球面射电望远镜，被人们亲切地称作世界上最美的"天眼"。然而，鲜为人知的是，当年为了给"天眼"寻找"眼窝"，却费尽了周折。

前面提到南仁东提出要积极参加申建大射电望远镜的竞争。他此后便不断与专家们沟通，最终与多位同人达成了一致，撰写了《大射电望远镜（LT）国际合作计划建议书》，建议书全文近2万字，落款处有11位共同建议人在上面签了字，他们来自我国的3个天文台。此建议书的顾问是时任北京天文台台长的李启斌，还有叶叔华院士和南仁东的导师王绶琯院士。

这个建议书递交以后，得到了中国科学院的重视和支持。

1994年，南仁东一行到中国科学院遥感应用研究所咨询关于大射电望远镜的台址问题，他希望运用最新的遥感技术帮助选址。

南仁东首先陈述了我国要建造大射电望远镜的构想和选址要求。

"射电望远镜如果在平地上建设，天线的口径一旦超过100米，自重就会造成天线变形，刮一阵风更会使它垮塌，所以需要找个安全牢固的'窝'把它藏起来。挖坑的话成本太高，再说挖出来的坑不稳定，随时都有可能塌方。找一个天然的洼地如何？它必须要稳定，要大，要圆，要偏僻以远离电磁干扰。"南仁东的话使大家陷入了沉思。

"火山口行吗？"有人问。

"火山口不行，它是由火山喷发形成的，形状不固定，再说火山喷出物堆积的地基太疏松，坚硬度不够。"

"可以去找找矿坑。"有人说。

"矿坑一般裸露在平地上，周围光秃秃的，没有遮挡物，无法屏蔽电磁波，再说矿坑的排水是个大问题。"

……

大家在分析了火山口、矿坑、陨石坑、岩溶洼地等不同的地形后，发现了不同类型的洼地在规模大小、地形封闭性、地基承载能力、无线电环境、排水能力等方面各有差异。

这时，中国科学院遥感应用研究所的聂跃平提出了一个令人振奋的建议："我认为贵州的喀斯特岩溶洼地最适合。"

聂跃平之前一直致力于研究"黔南岩溶"课题。他拿出自己撰写的论文《碳酸盐岩性因素控制下喀斯特发育特征——以黔中南为例》，从专业角度阐述了岩溶洼地的形成和特点。

"喀斯特地貌透水性怎么样？洼地的地势低，排水很重要，如果下大雨，水排不出去，望远镜就被淹了。"南仁东说。

聂跃平侃侃而谈："这个没问题，喀斯特地貌存不住水。这种地貌的地下水循环通畅，雨水可以自动排到地下。我国广西、贵州、云南等地广泛分布有喀斯特地貌，但贵州的最典型，也是发育得最好的。"

南仁东仔细打量了一下聂跃平，他眼神里透出的自信，令南仁东赞赏不已。

"你专门去贵州考察一下，怎么样？"南仁东虽然是在征求他的意见，语气却显得不容辩驳。

聂跃平很快就动身了。他这次出行，对大射电望远镜的选址起到了至关重要的作用。这次考察，聂跃平扎扎实实地跑了安顺市、黔南布依族苗族自治州等几个地区。一个多月后，他回来了，按照南仁东的建议，写出了《大射电望远镜中国贵州选址调查报告》。

1994年10月，国际大型射电望远镜推进工作组在荷兰召开会议，代表中国参会的吴盛殷带着这份报告到了荷兰。

世界上其他拥有喀斯特地貌的国家也不少，有克罗地亚的迪纳拉山区、法国的中央高原、俄罗斯的乌拉尔山区、澳大利亚大陆南部、美国的肯塔基州和印第安纳州，还有古巴、牙买加、越南等。这些国家也在积极申建，竞争相当激烈。

在会上，中国贵州的喀斯特地貌得到了与会专家的认可，受到了大家的重视和关注。在那份报告中，有这样一段文字：

如果我们在平地上挖这样一个坑的话，要花费极高的成本，因为这不仅仅是挖一个坑的事情，从建筑需求来讲，还要保证它在今后相当长的时间内不会发生塌方，最终可能会与建设射电望远镜的成本一样高。而喀斯特峰丛洼地经历了上百万年甚至上千万年的沉降，是很稳定的洼坑，可以保证几十年甚至上百年都没有问题……

1994年底，中国天文学界以北京天文台为核心，成立了大型射电望远镜中国推进委员会，南仁东被任命为推进委员会主任，主持大射电望远镜中国推进预研究工作，聂跃平为选址组组长。

随后，南仁东在中国科学院遥感应用研究所的支持下，对贵州喀斯特洼地进行了全面普查，开始了漫长的选址之路。

科研团队利用排除法，先从1∶500 000的地形图中排除了不适合的。后来，又聚焦到1∶10 000的地图中，寻找又大又圆的洼地。再后来，又从8 000多幅图中，找出了10 000多个洼地。2003年7月，形成了包含743个洼地的备选数据库。

他们一边利用遥感等技术搜寻，一边配合实地考察，仅半年时间就跑了300多个洼地。

在这期间，因为项目没有立项，经费没有出处。为了省钱，南仁东与聂跃平经常坐30多个小时的硬座去贵州。南仁东舍不得浪费钱，更舍不得浪费时间。在火车上的这30多个小时里，他不停地写写画画：计算一些数字，画一些草图。随身带着的遥感图，他也会在路上反复看好几遍。

经过多次筛选，最终确定了100个喀斯特洼地作为重点考察对象，它们大多分布于贵州省黔南布依族苗族自治州和安顺市境内。

南仁东的态度很坚定：每一个洼地都要去看，不能错过最合适的。

选址队伍以遥感所的科技人员为主，天文台的科研人员参与其中。整个团队平均年龄35岁，南仁东已近半百，是其中年龄最大的。

因为要找没有电磁波干扰的偏僻之处，南仁东带队考察的地方都是人迹罕至的大山深处。当时的贵州道路条件很差，越野车沿着狭窄曲折的山路行驶，经常一边是山体，一边是悬崖，坐在车里的人都心惊肉跳。有些路特别狭窄，车开不进去了，大家就下车徒步走进去。那时候他们每天都要步行几公里甚至几十公里。有时候调查一个洼地要用一天的时间，他们就白天赶过去勘探，晚上回县城，天亮了再继续。有些路很凶险，还必须由当地的村民当向导。

他们的考察得到了贵州省委、省政府和所到县乡及当地老百姓的大力支持。他们穿着解放鞋，手里拿着拐杖和砍柴刀，一来可以应付恶劣的地形，二来可以防备突然蹿出来的蛇等动物。遇到无路可走的时候，还要用手中的砍柴刀开路。

有一次，南仁东在一个村子里考察，天气很冷，为了等无线电监测结果，他就用柴火把老乡们送来的糯米粑粑和土豆烤熟了当午饭。

那时候，南仁东下乡选址时经常会买一些水果送给山里的村民，有人劝他别拿那么多，太重了，他说那只是一点心意。

十年间，南仁东和同事们跑了 30 多个县，遍访几十个大大小小的村寨，100 多个大山里的洼地。周边县里的好多人都见过南仁东。听说北京天文台的科学家来了，大家都在传是不是发现什么矿藏了，或者是不是发现了外星人。

1995 年 10 月，贵阳迎来了第三届国际大射电望远镜工作组会议。来自 9 个国家的 30 多位国际著名天文学家，专门针对中国的设计和构想而来。

此次会议受到了贵州省从上到下的重视。会前，省政府组织成立了接待工作组，县里也成立了以县长为组长的接待工作组。

南仁东却觉得大射电望远镜的筹建只是处于启动阶段，还没有立项，这次考察也只是从数据库里选了两个比较典型的地址，是想让专家们看看贵州的喀斯特地貌，还不能确定具体地址，希望接待不要太隆重。他怕当地万一没被选中，政府和老百姓都会失望。

为此，贵州省人民政府办公厅专门召开会议，申明要以低调的态度处理相关接待事宜。但即便免去了官方的客套，却无法阻止老百姓的热情。载着专家的大巴一进入平塘县，就遇到当地群众穿着崭新的衣服来迎接，他们整整齐齐地坐在田埂上、道路两旁，安静地行着注目礼，他们灿烂地笑着，牙齿在阳光下闪着光……

看到这个场面，南仁东感动得连连向他们点头、挥手，并且向他们鞠躬致谢。

克度镇到平塘县有一段15公里的小路，原先是跑马车的，车一过，尘土飞扬。为了迎接专家们的到来，沿途村镇的8 000多名村民专门为来考察的专家们修出一条能通大车的沙砾路来。南仁东看到后感动极了。

当他们到达平塘县熊桥洼地考察的时候，从下车处到考察点有一段比较陡的步行路，村民们早已为专家们准备好了几大捆精心打磨好的竹手杖……

熊桥洼地落差高达400米，我国著名天线专家茅于宽先生不顾73岁高龄，拄着拐棍上到山顶。

一位荷兰科学家登上山顶以后，振臂高呼："Very good! Very good!（非常好！非常好！）"

那次，王绶琯、叶叔华、陈建生等一些老科学家也亲临了熊桥洼地，乡亲们还专门制作了滑竿，硬是把老科学家们抬上了山……

次日到达的普定县，百姓们同样身着节日盛装，夹道欢迎。尚家冲洼地虽然没有去，但为了迎接科学家们，当地村民也修了8公里路，尽管他们的生活条件是那么艰苦……

他们的一举一动是那么朴实、热情，他们的付出从不求回报，他们的眼神是那么纯净，他们的笑容是那么淳朴。他们羞怯地捧出火热的心，那是对科学的崇敬，是对美好生活的向往。

南仁东铭记在心，这一切都激励着他坚定地走下去。

众多专家对这里的生态、自然和峰丛洼地景观给予了高度评价。国际大射电望远镜工作组组长动情地说："贵州人民内在与外在的美——他们的善良与热情好客、他们的舞蹈与歌声，还有世界上独一无二的贵州风光，都给我及参会的成员留下了深刻的印象。愿我们的梦想在辛勤的劳动之后变为现实！"

在得到了众多专家的肯定后，大射电望远镜中国推进委员会正式提交了争建建议书。

"我们一定要在贵州选出最好的台址，一定要把这件事情做成，否则我们没脸见这里的乡亲。"南仁东说。

1997年，中国推进委员会提出"LT中国工程概念先导单元"创新方案的初步设想——由我国独立建造500米口径球面射电望远镜（Five-hundred-meter Aperture Spherical radio Telescope，FAST）。

为什么要建造巨型的望远镜呢？

望远镜是天文学家用来收集天体信息的工具。用过"锅盖天线"接收电视信号的人都知道,"锅盖"的口径越大,电视画面就越清晰。同样的道理,射电望远镜的口径越大,它的灵敏度就越高,探测微弱无线电信号的能力就越强,就越有利于对暗弱天体的观测。

对此,南仁东给出了进一步的解释:大望远镜的开光运行总是伴随发现和突破。英国卓瑞尔河岸天文台发现引力透镜;澳大利亚帕克斯天文台发现类星体;荷兰的韦斯特布尔特射电天文台发现最大射电星系中心;美国的阿雷西博望远镜发现脉冲双星,为引力波存在提供证据。一般来说,口径越大的望远镜越有高产出。科学发现需要机敏和洞察力,更离不开好设备。大望远镜能检测暗弱的天体,为研究提供更多的奇异天体,从而提供突破机会。

1999年,多国科学家提出了新的构想:大射电望远镜计划由多架望远镜组成,可分解为30个口径约200米的基本单元。预测可将天文观测延伸至宇宙边缘。

但无论是建造什么形式的大射电望远镜,南仁东始终坚定地相信喀斯特洼地是最好的选择。这个构想也获得了国际天文界的高度认可。

2005年，国际选址委员会的主要成员专赴中国考察，贵州作为理想的候选台址，让人充满了期待。

选址委员会成员罗伯·米勒纳第一次来到大窝凼，这里的地形给他留下了非常深刻的印象。

因为没有立项，资金很紧张，南仁东四处"化缘"。他很清楚，实现这种大项目必须立项，要获得国家的支持才能建成，只有立项了，才能有资金，才能组建最好的技术团队。

有人说，南仁东着迷了，他近乎疯狂地为FAST做起了"推销员"，以获取更多的支持。他凭借着在行业内的名气，想方设法争取一切参加国际、国内会议的机会，逢人就介绍FAST。他不厌其烦、充满激情地讲述FAST的每一个创新概念、特点和建造的必要性，以坦诚和执着赢得了国内外同行的尊敬。

最终，3厘米厚的FAST立项申请书上，有了20多个合作单位。

FAST工程常务副经理郑晓年在中国科学院工作，

他负责FAST的立项，与南仁东接触很多。南仁东曾苦笑着对他说："我这个书生从来没有求过别人，为了FAST我得求人。为了争这口气，只能豁出去了。我宁肯拍全世界的'马屁'。"

南仁东的助理姜鹏说："南老师不在乎金钱和名利，不然也不会放弃日本提出的高薪，对院士的名头也相当淡然。自从认识他以来，没见他为任何事情低过头。但他自己却说，他低过头，就是为了FAST立项。"

有人对此表示质疑：FAST靠谱吗？FAST太难实现了，南仁东是不是真的疯了？

南仁东对身边的人说："不管能不能做成，我们都得去做，而且要全力以赴，不惜一切代价！"南仁东有一种置生死于度外的豪气。

那时候，他经常说着话就猛烈地咳嗽，脸憋得通红，喘不过气。大家劝他去医院彻底检查一下，他坚决不去，他觉得FAST不能没有他，工作不能停。如果别人劝得多了，他还会发火。有时候实在受不了了，才勉强同意去医院。到了医院，眼看着要轮到他了，可是他觉得缓和一点了，又不看了，跑回去继续工作。关于他的健康问题，大家都很为他担忧。

经过南仁东的努力，FAST在经历了最艰难的10年后，逐渐有了名气，许多人对这个项目感兴趣，也接到了国际上许多同行伸出的橄榄枝。

许多国际上知名的机构和科学家也参与进来，加入了FAST项目的讨论。《科学》杂志多次报道FAST的预研究进展。FAST团队也多次受邀在国际会议上做了报告。

2005年，中国科学院在听取了"十一五"大科学工程"500米口径球面射电望远镜（FAST）"项目立项申请汇报后决定：要重点论证项目关键单元的技术与工程可行性；天文台要将FAST列为工作重点，积极开展国际合作；适当增加项目的创新岗位人员配置；可适当垫付部分急需的项目预研究经费，待国家立项后返还院财政；适度宣传项目预研究进展情况……

至此，FAST 项目的前景更加广阔了。

2006年，南仁东由于在甚长基线干涉测量（VLBI）领域的知名度，被国际天文学会选为射电天文分部主席。这给了他更大的底气。也就是这一年，立项建议书提交了，在最后的国际评审中，他为了用英文发言，提前写好了讲话稿，并且认真背熟了，流畅、准确地表达了自己的意愿，发言很成功。国际专家开玩笑地说："南仁东的英文谈不上好，但他想要什么说得很明白。"

遗憾的是，国际上的平方公里阵列射电望远镜（SKA）最终确定在南非和澳大利亚两地建造，中国竞争失利。消息一公布，北京国家天文台随即开了一次办公会，会上没有人认为SKA不建在中国，FAST就应该停止建造。

大家一致认为：我们国家完全有能力自主建造一台"500米口径球面射电望远镜（FAST）"。建成后的FAST，可独立于国际上的平方公里阵列射电望远镜SKA，开展世界第一大单天线观测研究；如果有早于或独立于SKA的新发现，可为SKA提供研究方向，有望与SKA开展联合观测，并入国际VLBI网。

2007年，经过南仁东和同人们的不懈努力，FAST终于获批为"十一五"国家重大科技基础设施项目。

南仁东带领团队开始快速推进FAST可行性的研究。

从倡议到立项，时间过去了13年。南仁东此刻很想大哭一场：13年的努力没有白费。13年里，有多少人在默默付出，不离不弃，又有多少人几近绝望，劝他放弃。幸好他坚持下来了，终于见到了黎明前的曙光。

项目立项了，有了清晰的目标，大家心里敞亮了，有了奔头。

2011年3月，FAST工程正式动工建设。

从此，大射电望远镜FAST作为"中国制造"，成为世界天文界的一大悬念，大家都拭目以待。

南仁东把才华和诗情都倾注到了FAST的事业中，他不是诗人，但在奠基石上，刻有他撰写的一联诗句：

北筑鸟巢迎圣火，

南修窝凼落星辰。

04

众里寻它千百度

笔者从山东坐飞机到达贵州的时候已是夜里，第二天一早坐上了从贵阳去平塘县克度镇的长途汽车。贵阳可以抵达克度镇的长途汽车站有两个：贵阳市金阳客运站、贵阳市龙洞堡机场站。我选择了从金阳客运站出发。

克度镇隶属于贵州省黔南布依族苗族自治州平塘县，位于省城贵阳南部100多公里，坐长途汽车2个多小时可以抵达。

因为提前跟平塘县委宣传部取得了联系，平塘县文联的雷远方老师让他的一个学生与我对接。他的学生叮嘱我下了长途车后转乘公交车去往"中国天眼"的方向，他还跟我约好让我在中途下车，与他会合。

在长途汽车行驶途中，越接近目的地，房子越少，道路也越狭窄。两旁时而出现大片的荒地，间或出现茂密的植物，好像要深入无人区一样。前方区域的未知和不确定性，使我的心在一点点收紧，有着些许的不安。

随后，汽车进入一条狭长而高低起伏的小路，道路两边有一些整齐的房屋，大部分是两层的，四四方方、结结实实。一楼偶见一些门脸儿和商业网点在经营。看上去这里不是个老村落。

下了车，看到对面的房子门很大，卷帘门推上去了一半，有夫妻俩在逗孩子玩。我过去向男主人打听路。

"您好，请问这里距离'中国天眼'还有多远？"

"几公里吧，已经不远了。从这个门口坐几站车，花3块钱就能到。"

"你了解'中国天眼'吗？"

"我们这里人人都知道的，那是个大天文望远镜，现在是个很著名的景点。天眼那个位置原来是我的家，我就是从大窝凼里搬出来的。"

"那你认识南仁东吗？"

"认识啊！南仁东、彭勃那时候下来选址考察，天晚了还经常在我家住。"

这么巧啊！真是踏破铁鞋无觅处，得来全不费工夫。原来这里是新建的天文小镇，中国天眼核心区搬迁出来的村民好多都在这里落户。

此人叫杨天明，他正是我要找的人。

我们从他的身世谈起。他去里面的屋子拿出来一本族谱递给我。族谱拿在手里沉甸甸的，宣纸比较厚实，上面用毛笔写着密密麻麻的楷体小字，字写得非常漂亮。据说已经保存了150多年，封面有些许破损，而且已经变成了黑褐色，有的内页也遭了虫蛀。贵州的潮湿天气使它布满了受潮之后的印痕和霉点，有的字迹已经很模糊了，但有的却清晰可见。我们一起读了其中的一页：

盖闻山有来脉，水有源流，树有根株，人有宗祖。是以承先启后丕显文谟大矣哉。先之先，后之后，难以记录。后以先而为宗祖，先以后而为远嗣。无后何成永祀，无先何有根源？记其先难知根蒂，录其后略表原由。亦自湖广五昌之桓沅州之地，上五牌之所居。后移蜀国有阳州邦，彭水之县，而为楠木庄之人也。后又移居黔地大塘之邦，上里拉立安宅。后越大窝宕而居。承蒙宗祖以昭垂，且忆先人而默佑子孙绵远后世昌蕃炽盛哉……

大窝凼的"凼"字，那时候写作"宕"，族谱详细记录了这个家族的来龙去脉，还记载了关于家族的一些神话传说。但时间截止到民国期间，到他们这一代没有续写。

杨天明是个有文化的人，是克度镇金科村靛塘小学的校长，做了18年的民办教师。他告诉我："大窝凼是个自然村，有12户人家，60多口人。我父亲杨朝礼不仅是大窝凼的组长，而且还是然路组50多户居民的组长。镇上有什么事情都会先找到我们家。我和父亲都给他们（科学家们）带过路。"

"你对南仁东老师有什么印象？"

"南老师很朴实，留着小胡子，穿着也很随意，不讲究。我每次见到他都是穿着那种胶底的解放鞋、牛仔裤，有时候还会穿个大裤衩。他说话很温和。我知道他是个大科学家，天文台的副台长，但没有一点架子。他前前后后来了十多次，一开始是看地形，后来还做一些电磁波干扰的检测工作。"

从杨天明那里我还得知，为了了解大窝凼的排水状况，南仁东多次下到窝凼底，然后又到与大窝凼相通的另一个洼地考察，走一趟就要几个小时，来来回回、反反复复在山谷和山顶之间奔波。有人劝他，去一次就好了，不必反复奔波，但他坚持要再三实地勘察。

那时的大窝凼被称作"三不通"：不通电、不通水、不通路。他们每次下去考察，路不通，13公里的路，他们要步行3.5小时。山路也极其险峻，但他们风雨无阻。听说还经常遇到险情……

贵州的天气素称"天无三日晴"，雨水很多。有一次南仁东一行正准备下到凼底，轰隆隆的雷声从远处滚滚而来，天空乌云密布，瞬间天就暗了下来。

"南老师，我们先别下去了，看样子要下雨了，我们找个地方避一避吧！"有人说。

"雨也不知道什么时候能下下来，既然已经来了，就赶紧下去吧！"话音刚落，南仁东就带头下去了。

一般来说，天气好的时候，当地居民从凼顶下去也就十几分钟，但他们路不熟，脚下没底，找不到落脚的地方，怎么也得半个小时。

走了没几分钟，雨就下起来了！一阵紧似一阵。

大家在雨中艰难地走着。泥路在还没有湿透的时候最滑，大家都很担心南仁东，想过去搀扶他。他甩了甩手——路不好走，他宁愿手脚并用，也不愿意连累别人。

大家就这样深一脚浅一脚地走，每走一步都愈发艰难。有时候，一步没踩实，会向前或者向侧面擦出一条长长的泥痕，险些坐下或者劈叉，很是危险。但此时他们别无选择，只能前行，没有退路。

大窝凼下行的路很陡，倾斜度往往有五六十度，到了更陡的地方，人就像挂在半山腰一样，要紧紧抓着石头或者树枝一点点挪动。大窝凼是个大坑，四面山峰环绕，没有一条好走的路，现有的路都是之前当地人开辟出来的，左拐右拐的。到了树木疯长的季节，如果不及时清理，路就没了。有时候下一场雨，路就更难找了，所以常常需要求助当地的老乡。

"仔细留心脚下，慢一点没关系，安全第一。"南仁东嘱咐着大家。

大家举步维艰，小心翼翼。耳边是呼呼的风声，豆大的雨点用力敲打着身上的塑料布。

突然，"啊！"的一声，南仁东脚下一滑，趔趄了几下，失去了平衡，滚落下去！

"南老师！南老师！"大家喊着，吓得魂飞魄散。

大家瞪大眼睛看着南仁东像一块石头一样翻滚着直奔凼底！

就在队友们近乎绝望的时候，南仁东的身体遇到了两棵小树，被拦了下来。而他的身子下面，是几十米的凼底！好险啊！

如果不是被小树挡住，后果不堪设想，真是后怕啊！

……

从凼底回来的时候，更是消耗体力，没有一个小时是上不来的，每次爬上来，南仁东的心脏都会难受到要吃随身带的救心丸。

这样的险情整整伴随了南仁东12年。

"如果错过了最好的，我死了也不会甘心的。"南仁东常常这么说。所以，即使条件再艰苦，也没有人拦着他了。

不仅仅是南仁东，同在贵州的科学家们都是在这样艰苦的条件下工作的。FAST测量与控制系统总工程师朱立春曾经这样描述自己经历的一场险情："那次我们到山顶需要攀缘一道2米多高的悬壁，向上爬的时候，借助一些旁侧的植物和同事们的帮助，还能越过去。可是下来的时候，需要从2米多高的悬壁上方跳落在不过半米见方的地方，边缘是深不见底的深渊。看着同事们一个个跳下去，我动了好几次念头都狠不下心来，最后精神也垮了。我趴下来对同事们说，你们走吧，别管我，我回不去了……后来同行的一个小伙子让上面的人伸出一根树枝给我拽住，他则伸出一只脚蹬在悬崖中间处说，你踩着我的脚当台阶，抓着树枝往下滑就行了……"

这样的险情南仁东不知遇到了多少回。可想而知，这样的山路，如果太阳下山后还在凼底没上来，是无论如何也回不来的。

遇上好天气，大窝凼的风光也是极美的。阳光照着大片绿油油的菜地，山坡上长满了郁郁葱葱的灌木，家养的禽畜间或"咯咯""嘎嘎""咩咩"地叫着。圈里的牛、羊、猪在悠闲地咀嚼，吃饱了慵懒地打着盹儿。各种珍稀鸟类在树梢间穿梭觅食。小猫没有被关在家里，小狗也没有被套上绳子，它们在田野里撒着欢地嬉戏玩耍。潮湿的大地在阳光的照耀下，升腾起一阵阵轻雾。好一派世外桃源风光，多么祥和的农家生活！

这里没有通电，看不了电视，也用不了手机，似乎与外界隔绝了一样。在我们看来一定觉得很无聊，但当地的居民却很习惯，也很满足。因为这样单纯的生活，自有它的宁静韵味，也少了一些不必要的烦恼。

每次南仁东和队员们赶上了饭点儿，杨朝礼就吩咐儿子去抓鸡。这里的鸡也活得很自在，都是散养的，有的还会飞到树上去——想抓到一只鸡还真没那么容易。鸡炖好了，杨朝礼还会搬出来一个大坛子，那是自家酿的米酒，大家喝上一碗，顿觉周身温暖，寒气也被驱散了。

南仁东不愿意麻烦老乡，他们常常随身带着方便面，到老乡家烧点开水，泡面吃。

中国科学院国家天文台的朱博勤博士，是FAST工程台址与观测基地系统总工研究员。他说："那时候从几百个洼地中筛选出了24个开展进一步的比选，最后又确定了13个，除了普定县的尚家冲洼地，其余的12个全部在平塘县境内。"

中国科学院遥感所组织有关专家对这些洼地进行了详细的比较和分析，最终把焦点落在了普定县的尚家冲洼地和平塘县的大窝凼。

到了二选一的关键时刻。洼地的口径大小越接近500米越好，尚家冲洼地的口径最大可达450米，而大窝凼可达600米。

最终科学家们又对这两处的地形地貌、工程地质、水文地质作了多学科的综合探讨，在尺度规模、电磁波环境、生态环境、地质环境等方面作了详细的分析，用5种方法计算出结果，大窝凼排名均为第一！

与此同时，国家天文台和贵州省科技厅又委托贵州大学对候选出来的洼地再次进行筛选。在没有沟通的情况下，贵州大学与中国科学院遥感所给出的结果不谋而合：大窝凼获得了最高分！

大家一致认为，大窝凼是地球上独一无二的建设FAST最好的台址。大窝凼的地形地貌有先天的优势，似乎就是为FAST而生的。

大窝凼地质条件比较稳定，从来没有发生过重大自然灾害。

大窝凼喀斯特地貌最接近FAST的造型，这使得工程的土石方开挖量从平地状态的3 000万立方米，锐减到54万立方米，工程造价低。

凼，是水坑的意思，但这个水坑像一个天然的大漏斗，可以保证雨水能够迅速向地下泄流，不会在望远镜表面淤积而造成损坏或者腐蚀。

这个峰丛洼地经历了上百万年甚至上千万年的沉降，是个很稳定的凹坑，岩石也足够坚硬，足以支撑FAST工程。

大窝凼附近5公里之内没有乡镇，不仅人烟稀少，周围还矗立着5座山峰，环绕的山体恰好可以挡住外面的电磁波，而射电望远镜观测必须保持周边宁静、电磁环境不受干扰……

2006年，FAST选址尘埃落定。12载春夏秋冬，贵州大山的每一个洼地都留下了南仁东的足迹。大窝凼的草木更加繁茂了，南仁东的头发却变得花白了。

为了给FAST寻找最理想的台址，他从壮年走向了花甲。如今，FAST找到了家，大射电望远镜的梦在此时才算是正式起航了。接下来，南仁东愿以余生最灿烂的光阴与FAST待在一起。

为了FAST的建设需要，大窝凼的居民必须搬离自己的家园。走出大窝凼，孩子们再也不用翻山越岭几个小时去上学，附近也有了农贸市场。去小镇上住二层小楼是以往村民们想都不敢想的事情，新的生活仿佛一下子"从天而降"。

杨天明告诉我，从FAST核心区及周边搬迁出来的有700多户，2 000多人。这里几条街的楼房全是搬迁户的住宅。政府按照政策规定的最高标准对村民的土地、房屋进行补偿，树木也是按照林业标准根据树径一棵棵计算的，每家每户的房屋、木板、横梁都现场估价。杨天明的孩子们都在打工，他在镇上给孩子们建了房子。他现在住的房子是政府统一规划的。楼下是个临街门面房，将来可以做个小生意，楼上四室一厅用来居住。

"我父亲去年去世了。我们是2009年9月份搬出来的。搬出来以后就不在学校里上班了，在家看小孩。"他拍了拍怀里的小孙子。

"国家财政把我们纳入了城镇保险。失去了土地，一开始有些不习惯，家里原有10亩地，粮食蔬菜是不用买的。现在消费高了，处处都得花钱。政府征地给了我们补偿，手里有了钱，乡亲们有的在附近租了土地耕作，有的做起了小生意，有的买车跑起了运输。慢慢地我们也适应了这样的生活。"

南仁东不会忘记他们搬离时的场景。"故土难离"之情是相当揪心的。尽管以前大窝凼并不富裕，生活也不方便，但这里毕竟是他们世代繁衍生息的地方。那天，男人牵着牛羊，女人背着孩子，当最后一次踏上那再也熟悉不过的山坳时，他们不禁驻足、回望，与大窝凼对视，怀念过往，期待新生活……

南仁东对身边的人说："FAST 建不好，对不起国家，对不起当地的老百姓。"

05

追求完美的 "老爷子"

2016年9月25日，"中国天眼"——500米口径球面射电望远镜（FAST），向全世界宣布建成。它是世界上最大、最灵敏的单口径球面射电望远镜，比德国波恩的100米望远镜灵敏度提高了约10倍，比美国阿雷西博350米望远镜综合性能提高了约10倍。它在今后二三十年里将保持国际领先地位。

FAST的建成在世界天文史上创出了新的高度，将掀开中国射电天文学发展崭新的一页。

纵观射电望远镜的发展史，经历了从单天线到多天线、从米波段到毫米波段、从小口径到大口径的发展过程。中国犹如拿到了一把破解宇宙之谜的钥匙，人们期盼着用它来打开探索宇宙起源奥秘的大门。

FAST犹如一双观天巨眼，它的无线电波可穿透宇宙中的尘埃，探测的频率范围覆盖70~3 000兆赫，即便是远在百亿光年外的射电信号，FAST也能捕捉到。

"天眼"到底能找到什么呢？它向全世界宣布它的工作能力——

将中性氢观测延伸到宇宙边缘，重现宇宙早期图像；

能在一年时间里发现数千颗脉冲星；

有希望发现奇异星和夸克物质；

发现中子星——黑洞双星；

通过精确测定脉冲星到达时间来探测引力波；

作为最大的台站加入国际甚长基线网，为天体超精细结构成像；

可能发现高红移的巨脉泽星系；

参与地外文明搜索；

……

FAST的目光可以投射到宇宙的边缘，比地球上现有的其他射电望远镜看得更远。宇宙的真实面貌，将越来越清晰地展现在我们面前。

那么到底有没有外星人呢？FAST会不会与外星人取得联系呢？

斯蒂芬·霍金认为，外星人存在的可能性很大，但人类不应该主动寻找他们，应该尽一切努力避免与他们接触。

根据当前科学技术的发展，科学家很有可能在未来几十年内就能发现外星人存在的迹象。科学家称，外星人可能正在向人类发送信号，或许我们还没有捕捉到，外星人也正在研究我们，并且可能对地球人并不友好。

南仁东认为，如果遥远恒星周围有理性社会存在，不管他们能否知道我们，也不管他们想不想和我们交流，他们的技术活动所产生的电磁波可能已经混杂在恒星辐射中一起到达地球。FAST将搜寻、识别可能的星际信号，以前所未有的高效率开展对地外文明的搜索。FAST也将推动中国众多高科技领域的发展。

FAST从动工到落成并启用历时5年半，成为探测地外星系尤其是类地行星的利器，创造了"中国奇迹"，令全世界瞩目。你一定想知道它是怎样建成的吧！

FAST建设团队由几十家国内一流的科研院所、大专院校、工程企业和100多位科学家组成，工程涉及天文学、力学、电子学、机械工程、结构工程、控制工程、岩土工程等各个领域。

整个建设过程倾注了无数人的智慧和心血。几十位博士后研究人员和博士研究生在这个项目上开题，来自不同专业的数百名科研人员参与预研究和设备研制。许多天文学家放下原先的研究，成为大射电望远镜的一线建造者。上百个工程队伍同时施工，4 000多人先后参与了建设……

项目的难度可想而知。南仁东义不容辞地挑起了首席科学家、总工程师的重担，指挥FAST的整体建设。如果说，中国有了一个领先世界的机会，南仁东就是那个跑在最前面的人。

人人都知道"术业有专攻"的道理，有人能在某个领域达到精通、成为专家已经很了不起了，但南仁东不仅是天文科学家，他还是一个跨学科、综合型的专家。天文、力学、金属工艺、无线电他都懂，而且都精通。同事们忘不了——

工程刚开始的时候，南仁东手拿锤子和样冲，熟练地进行钳工的操作；

要建一个水窖，施工方递交了一份设计图纸，南仁东立即指出了几处不合理的地方，要求修改，施工方吓了一跳：这个天文科学家怎么还懂土建啊！

工厂里，他指导技术人员进行设备出厂检验；

FAST工程馈源支撑系统副总工程师潘高峰面试的时候，南仁东问了许多机械方面的专业问题，令他心悦诚服；

有一次确定焊接点的收缩量问题时，施工方预计两三毫米，而南仁东预计会有10毫米左右，事实证明，他的预测是正确的；

还有一次在馈源舱停靠平台基础预埋件施工中，南仁东亲自示范，他对工人解释，仪器测量必须配合手工定位，才能保证高精度，确保万无一失……

南仁东的学习能力很强，遇到不明白的问题，他会马上自学或者向别人请教。他的悟性很高，凭着多学科的研究经验，触类旁通，所以任何人都别想"忽悠"他。

他相信"差之毫厘，谬以千里"，每个细节他都要追求百分之百地准确，在科学领域没有"差不多"，任何不精确的东西在他这里都过不了关。他容不得FAST有任何瑕疵。

FAST项目由台址勘察与开挖、主动反射面、馈

源支撑、测量与控制、接收机与终端、观测基地建设等六大系统组成，每一个系统里有多个子系统，每一个子系统里又有多个装置。各系统的建造运行都是多学科交叉项目。

FAST项目的各大系统都安排了总工程师。每个领域的专家都会提出各种意见，作为整个项目的总工程师，南仁东都得作出准确的判断和最终的决策。每一张图纸他都会仔细地审核，提出有见地的指导意见。

南仁东作为首席科学家，本不必什么事都亲自把关，但他这样事必躬亲，是信不过别人吗？不是！是他肩上的责任太重了！如果他不亲自过目，不亲自审定，心里就不踏实。

南仁东最喜欢头戴印有"南仁东A-003"的蓝色安全帽去工地，他愿意就这样看着FAST一点点健康地"长大"。似乎时刻站在工地上守着FAST，他才放心。

别人说他是真正的专家、战略大师，他却总是说："我是战术型的老工人。"

南仁东给自己的学生发邮件总是自称"老南"，他也希望大家这么叫他，而大伙儿私下里更爱喊他"老爷子"。

在人们的印象中,"老爷子"一直留着八字胡,有人猜测:也许他欣赏鲁迅或高尔基?他日常穿着相当随性,常常是一件T恤、一条牛仔裤或者一个大裤衩,显得那么普通。

南仁东爱喝可乐,烟也抽得很厉害,尤其是写各种方案、报告的时候,大家都说他的文字是被烟"熏"出来的。同事们到他房间去,都得赶紧开窗,否则会被呛得说不出话来。他忙起来就会忘了自己,经常错过吃饭的时间,因此他的口袋里常常会像变魔术一样掏出几块饼干,有时候装得久了,会掏出来一堆饼干末儿。

南仁东表面上不修边幅,可实际上他生活讲究、追求艺术,也很时尚。逢正规场合、国际会议,南仁东会穿上锃亮的皮鞋、笔挺的西装,内搭小马甲,神采奕奕,尽显科学家的儒雅风范。

"老爷子"的审美相当好,他不仅仅是个伟大的天文学家,还是个追求完美的艺术家。FAST立项后,南仁东经过反复酝酿,亲自设计了FAST的标识:FAST

几个字母变形成收敛状弧形，意为来自宇宙的无线电信号；外围嵌套两个椭圆，分别代表了FAST的500米口径和300米照明口径。非对称的设计与鲜艳的色彩搭配，使这个平面标识充满了立体的灵动之美。

在FAST建设的整个过程中，南仁东将美学融入了天文学和建筑学，使这个世界上最先进的大射电望远镜成为一个经典而伟大的建筑。

大窝凼的地质构造非常复杂，每个柱基的落点都要钻孔勘察，原则上每个桩、每个孔都要打到稳定的基岩后，再往下打5米，如果还是稳定的基岩，才可以作为基础桩。如果遇上碎石或者疏松的岩层，便要继续往下打，直到再遇到稳定的基岩。倘若遇到空洞或者缝隙，更是要一挖到底。

鉴于地质的复杂性，一开始在设计FAST的6个支撑塔的时候，没有考虑对称，仅以能够提供稳定的支撑为原则。建立完全等距的高塔实在是太难了。

设计之前虽然做了细致周到的勘探，也尽可能考虑到了各方面的因素，但实际操作的时候，变数还是很大。每到出现变数的时候，南仁东就会召集勘察、监理、设计、施工等几个单位现场论证，确定可行性方案。

有人说："南老师，找到差不多的缓坡就行了，这6个支撑塔不一定要对称吧？"

"不行，6个塔一定要分布均匀，要美观。"

南仁东坚决不同意支撑塔不对称。他无法接受心爱的FAST乱七八糟、七长八短的样子。他要把它打造成最美的艺术品，将来让全世界的人来参观。

南仁东是完美主义者，还表现在他对工程设计有着近乎苛刻的要求。索驱动系统于2014年底安装第一根支撑索后，发现索上悬挂的"窗帘"式机构——连接着馈源舱的电源线和信号线超重，这将会影响馈源舱位置的控制精度。南仁东立即叫停安装，对"窗帘"式机构进行再优化设计。春节假期还没过完，他就召回技术人员大干三天，消除了所有隐患，确保了"窗帘"式机构的可靠性。

安全生产是他最为挂念的事情，2014年底，作业难度最大的一台驱动机房设备要拖运到塔顶。一旦出现问题，造成的损失不可估量。尽管拖运方案的每个细节都经过了多次检查确认，但他仍旧不放心，拖运前一晚，午夜时分，他又提出了一个新的预案。

要说南仁东随意，在工地上戴着安全帽混在人堆里朴实得像个普通工人，但仔细一看，他的言谈举止不同凡响。

姜鹏这样描述自己第一次见到南仁东的情形："我并不知道他是谁，但一看他就是头儿，霸气十足。"

说南仁东霸气，是因为他通身透着一种傲骨，这样的气质是靠自信和学识撑起来的。前文提到，南仁东从小就具备好奇的天性，他是学无线电的，大学期间却在机械制图方面造诣也很深。他很好学，感兴趣的事情会全力以赴地去研究。听说他在30岁的时候，为了编程还创下了连续七天七夜没合眼的纪录，特别"玩儿命"。

作为国家重大科学工程，FAST的建设难免要面对一系列工程难题。每当此时，南仁东都会拿出"玩儿命"精神，他内心有股不服输的劲儿。

有人这样比喻FAST：它是一只巨大的天眼，"眼球"直径是500米，大窝凼球形洼地是天眼的"眼窝"，反射面是它的"视网膜"，馈源舱是天眼的"眼珠"，环形圈梁是它的"眼眶",索网是它的"眼肌"。

2010年,FAST工程遇到了一个近乎灾难性的坎儿,这个坎儿就发生在它的"眼肌"——索网。

FAST通过接收宇宙中的电磁波信号来获取并分析各种信息。它的"视网膜"反射面是由4 450块380种大小不同的独立反射板组成的反射面。反射面的背后是由将近10 000根钢索组成的复杂的索网结构,而每块反射板的背后都有钢索牵拉。

馈源舱像是FAST的"眼珠",用来接收宇宙信号,是整个系统的核心部件。工作时,6根钢索拖动重达30吨的"眼珠"升到反射面上方,反射面板形成300米局部变形,随着天体的移动来回调整方向。整个过程犹如眼睛聚焦以看清东西。

FAST的索网承载的反射面为了寻找不同位置的天体,要不断变形,始终处于运动状态,钢索不但需要承受1 300吨的索网重量,还要像弹簧一样不断伸缩,带动反射面板灵活移动。这就对钢索的弹性和抗疲劳性提出了很高的要求。

这样一来,FAST所需要的钢索的要求,远远超出了国家的工业标准。他们从不同厂家购买了十几种钢索，但没有一种能满足 FAST 的需求。他们查遍了国内外相关的论文资料，就算是最好的钢索的实验数据，也只能达到他们要求的一半。

南仁东常说，遇到困难不用怕，总有办法可以解决。在同事们的眼里，似乎没有南仁东解决不了的事情。但这一次不同，南仁东焦虑得整晚失眠，有时候忙得连脸都顾不上洗。

德国科学家玻恩回想起在长期科学生涯中一个不可磨灭的记忆时曾表示："当结果与我所预期的不同时，我会失望，但是失望只在有希望的时候才发生。"这样一些希望，正像对知识的渴望一样，是南仁东工作的动机。

钢索疲劳的问题，没有丝毫的可借鉴性。它不仅是个单纯的技术难题，简直是一场重大的技术风险。此时台址开挖工程已经开始，设备基础建设迫在眉睫，可由于钢索疲劳的问题，反射面的结构形式也迟迟定不下来。南仁东感到了前所未有的压力。

他常给同事们算一笔账：国家投资十几个亿建设

FAST，如果因为我们的工作没做好导致停工，一天就损失将近50万，怎么对得起国家呢？

索网的难题如果解决不了，FAST工程很有可能搁浅，后果不堪设想。

南仁东每天都要面对工作中的各种问题，以工地为家，节假日也很少休息。有人说，他把FAST当作自己的孩子了，如今"孩子"出了问题，他怎能坐视不管呢？这一次，他的"玩儿命"精神又来了。

怎么办？看来只能靠自己的力量来研制一种新型的钢索了。这完全是一个颠覆性的课题。

他亲自组织的一场艰苦卓绝的大攻关开始了！

南仁东带领相关技术人员，从柳州到贵阳，从贵阳到北京，从北京又去河北、江苏……他们跑遍了大半个中国，请教全国相关领域的专家。他亲自上阵，夜以继日，想方设法在材料、工艺方面寻找出路。

南仁东身体不好，年龄又大，但为了工作方便，他坚持和同事们一起睡在工地上。贵州气候潮湿，被子受潮后变得很重，像是能拧出水来。不仅如此，他的睡眠时间也不足，每天只能睡4个小时。有时候停电了，他冷得咳嗽不止也并不在意，而是点起蜡烛，彻夜研究。这样高强度的工作使他的体力严重透支。有一次在南京，他很不舒服，直冒虚汗，才第一次同意同事帮他拿包，以前他可从来不愿麻烦别人。

一次次地满怀信心，一次次地失望，大家感觉很沮丧，耐心也在一点点丧失。南仁东绝对不允许大家放弃，在他的带领下，大家都在全力以赴改进钢索的工艺。失败了，重新来，失败了，接着来，如此反复。

一轮目标为200万次的疲劳试验，就需要10天左右，时间等不起。空气仿佛都凝固了，令人窒息。

历经700多天的难熬岁月，经过了上百次试验后，大家翘首期盼的、可以满足FAST要求的新型钢索，终于在南仁东的主导下成功研制出来并通过了抗疲劳试验！当时在国内绝对没有哪家专门生产钢索的企业可以研制出来，而它的诞生竟然是在FAST工程现场！

此后这项自主创新的技术，被成功应用到港珠澳大桥等重大工程中。

FAST的建造中90%以上的材料都是中国自主创新的成果，可以说，FAST的建设过程是一场中国自主创新的大集合。FAST的建设推动了我国天线制造、微波电子、并联机器人、动光缆、大跨度结构、公里范围高精度动态测量等高新技术的发展。

FAST工程圈梁的安装也非常艰难。当时从大窝凼顶部到凼底只有一条3.6米宽的蜿蜒不平的土路，整个作业现场只有北侧半坡处的地方比较平坦，这给材料存放和结构组装带来了很大的困难。

由于施工环境很恶劣，几乎所有的格构柱都竖立在洼地斜面的山坡上，无法形成足够宽度的机械通道，大型的安装机械都靠不到跟前，只有十分之一的格构柱能够动用机器设备吊装，有五分之一用小型机械起吊散装，剩余的全靠人工安装，费时费力，还存在很大的安全隐患。

钢结构还会热胀冷缩，只要出现超出规定的限差，就可能是致命的隐患。FAST圈梁每段重约70吨，作业高度离地面几十米，还是不规则的长方体或者正方体，完成一段的安装要经过十几道工序。为了方便安装，他们用半年的努力，研究出"倒扣式滑移"和"多功能平板车和圆周滑移"两套专项系统。

南仁东要求大家发扬大国"工匠精神",工程必须做到一丝不苟。他说:"如果FAST有一点瑕疵,我们怎么对得起国家投资这么多钱?怎么对得起贵州省各级政府的支持?又怎么对得起跟着我们干了几十年的团队?"

射电望远镜有25万平方米的面积,精细程度却达到了毫米级别。

一般来说,传统结构主要关心两个方面:美观和安全。对于FAST如此巨大的跨度来讲,差5毫米,甚至差500毫米,都不会影响任何美观,但是会影响安全。而且,哪怕差几毫米,望远镜的观测效果都会受到很大的影响。

6座支撑馈源舱的高塔用掉了10 000多吨钢材,反射面板用了2 000多吨铝合金。这样一个庞然大物,却实现了毫米级的精度要求:用来编织索网的7 000多根手臂般粗细的钢索,每一根的加工精度都被控制在1毫米以内;500米口径的天线精度是3毫米;每一块小面板的制造精度是1.5毫米。

25万平方米的反射面,要实现毫米级精度,是天文学家从来没有做过的，因此FAST从前期设计阶段就引入了计算机辅助，还研发了自动化摄影测量系统，实时校准施工精度。

南仁东带领团队确定了FAST的科学目标和应用目标，在建设过程中攻克了一个个技术难关，既保证了射电望远镜的观测能力，又减少了FAST的工程造价。

他们把三大自主创新打上了"中国制造"的烙印：利用贵州天然的喀斯特巨型洼坑作为台址；采用25万平方米主动变形反射面技术，体积巨大，视野广阔；使用轻型索拖动馈源支撑系统和并联机器人，实现了望远镜的高精度指向跟踪，开创了一种建造巨型射电望远镜的新模式。

FAST工程常务副经理郑晓年，是时任中国科学院国家天文台副台长、常务副经理，负责工程管理。作为工作搭档，他还要督促南仁东保质按期完成工程任务。起初，大家都认为工程不可能按期完成，类似这样没有经验可循的重大创新工程，很少能做到如期完工。但他还是咬牙下了道死命令——5年半内必须建成！

从FAST正式开工这一天起，他就用手机定了倒计时，每天夜里12点铃声响起，提醒他FAST必须竣工的时间。他用这种方式督促自己，也督促南仁东。

他说："FAST能否保质按期完成，还面临着经费缺口的压力。最难的时候，我们曾经打过让企业赞助的主意，也想过去银行贷款……但不管面临多少困难，承受多大压力，南老师和我们的团队始终坚持，没有停工。南老师是团队的主心骨，他是一个通才。工程无论遇到什么难题，大家总是找南老师商量，都能通过南老师找到解决办法。南老师长期待在施工现场，睡工棚、跑工地、爬高塔，身体力行，直接参与一线建设。"

说到爬高塔，还得追溯到2014年。这一年，FAST馈源支撑塔完成安装并通过了验收。南仁东说，每个塔建好，他都要做第一个爬上去的人。

这一年，南仁东已经69岁了，他的身体每况愈下，咳嗽得厉害，吃得也很少。馈源塔最低的112米，最高的173米，很多人都劝他："别爬了，上面风大，会把你刮下来的。"

有一次，FAST工程馈源支撑系统副总工李辉陪着南仁东爬上高塔。李辉后来回忆起来非常感慨：

"FAST就像是南老师亲手拉扯大的孩子一样，他在用自己的独特方式与望远镜互动交流。"

几十米的圈梁建好时，南仁东也要越过一层层铁梯第一个上去。他在上面走着走着，竟然气喘吁吁地跑了起来，而且越跑越开心。他要用奔跑的方式拥抱FAST，他微笑着奔跑，风从他的耳边吹过，他似乎听到了宇宙中脉冲星发出的声声呼唤。他跑累了，停下，手搭凉棚，仰望苍穹。

"你看FAST多漂亮！"南仁东自言自语道。20年，弹指一挥间，所有的劳累、焦虑、委屈，此时都化为乌有。片刻，他回头时眼里噙满了泪。

"作为一个科研工作者，一生中能参与大项目的机会非常难得，这既是机遇，也是挑战。国家给了那么多钱，如果建不好，我就从100多米的馈源支撑塔上跳下去。"这是他曾经说过的话。

那天，FAST工程副经理、工程办公室主任张蜀新带着相机，拍下了这个珍贵的瞬间。张蜀新和同事们在FAST建造的整个过程中，留意记录和拍摄，留下了很多宝贵的资料。他也拍了不少南仁东的工作照。

那都是南仁东的真实工作状态，都是在他不知道的情况下抓拍的。

2016年7月3日，是FAST最后一块反射面板安装的日子。南仁东希望最后一块反射面板的安装，由当地搬出核心区的工人完成，以表达他对贵州人民深切的感激之情。此时南仁东身体状况很差，已被送回北京接受治疗。

随着一声"起吊！"的命令，克度镇金科村的陈祖泽完成了最后的吊装工作。随即掌声雷动！工地上所有的工人和科研人员起立，共享成功的喜悦。这一刻是庄严的、激动人心的，上千只气球飞向蓝天，寓意我国的天文事业越飞越高。

2016年9月25日，FAST落成启用典礼在大窝凼观测基地举行。南仁东带病前来，令人感动。典礼还邀请了不少国内外著名的天文学家和著名天文台的台长。

时任中共中央政治局委员、国务院副总理刘延东宣读了中共中央总书记、国家主席、中央军委主席习近平发来的贺信：

　　值此500米口径球面射电望远镜落成启用之际，我向参加研制和建设的广大科技工作者、工程技术人员、建设者，表示热烈的祝贺和诚挚的问候！

　　浩瀚星空，广袤苍穹，自古以来寄托着人类的科学憧憬。天文学是孕育重大原创发现的前沿科学，也是推动科技进步和创新的战略制高点。500米口径球面射电望远镜被誉为"中国天眼"，是具有我国自主知识产权、世界最大单口径、最灵敏的射电望远镜。它的落成启用，对我国在科学前沿实现重大原创突破、加快创新驱动发展具有重要意义。

　　希望你们再接再厉，发扬开拓进取、勇攀高峰的精神，弘扬团结奋进、协同攻关的作风，高水平管理和运行好这一重大科学基础设施，早出成果、多出成果，出好成果、出大成果，努力为建设创新型国家、建设世界科技强国作出新的更大的贡献。

　　习近平总书记在贺信中第一次把FAST称作"中国天眼"，这个名字由此被大家传扬开来。

南仁东站在FAST圈梁上，望着心爱的大射电望远镜，憨厚地笑着说："这是一道美丽的风景，科学风景。"

SKA国际组织总干事菲利普·戴蒙德说："非常非常精妙的系统，全部自动化控制，令人折服。"

荷兰国际知名天文学家理查德·斯特罗姆认为，FAST不仅具备阿雷西博望远镜的许多特点，同时又进行了大量的创新，因而显得无与伦比。FAST为球面像差提供了更直接的修正。全世界所有的天文学家都对FAST的运行和因此得来的首期效果翘首以盼。

在南仁东生前留下的为数不多的视频资料里，他深情地说："美丽的宇宙太空，以它的神秘和绚丽，召唤我们踏过平庸，进入到无垠的广袤。"

从一个漫长的时间跨度来看，世界上没有不可认识的事物，只有未被认识的事物。随着人类探索世界能力的拓展，曾经不可知的东西，会慢慢被人类了解和掌握。

23年时间里，南仁东从中年走到暮年，他把一个朴素的愿望变成了一个大国重器，成就了中国在世界上独一无二的项目。他是一个伟大的科学家。

06

夜空中多了一颗
"南仁东星"

2014年春节后，还没出正月，学生们提出要请南仁东到饭店吃饭，给他庆祝生日，南仁东坚决不同意。午餐时，同学们就在食堂里点了几个菜，把南仁东请来，大家共同举杯祝福他健康长寿。

"别把精力放在这些事上，要专心做好手里的研究，有空多读书。"南仁东叮嘱道。学生们异口同声称是。说是这么说，他的内心还是很感动的。

末了，南仁东和同学们拍了合影。他坐在同学们中间，头上戴着纸做的"皇冠"，脸上荡漾着恬淡的笑容。

70岁这个生日，是学生们给他过的唯一一次生日，没想到这竟然是最后一次。

2015年3月，南仁东被确诊为肺癌。医生让他在化疗和手术中选择，他果断选择了手术——他觉得化疗浪费时间。

术后3个月，他忍着病痛重回施工现场。

南夫人担心地劝他："老南，还是命要紧，回去养病吧！"

"要是FAST建不好，我活得再久又有什么意义？"

南仁东术后声带受到了损伤，很难发出声音，他说话的时候需要用气带着说，费了很大力气才能发出微弱的声音，而且说不了几句就上气不接下气了。

2016年，南仁东被评为"CCTV2016年度科技创新人物"。收到出席颁奖盛典的通知后，他明确表示不去，但了解到这个节目要面向全国播放时，他又同意去了——他要去表达内心的感谢。

2017年1月25日，南仁东受邀来到颁奖现场。他站在舞台一侧，缓慢地、艰难地说："我在这里，没有办法把千万人二十多年的努力，放在一两分钟内……我在这个舞台上最应该做的就是感激，感激！这个荣誉来得太突然，而且太沉重。我觉得我个人，盛名之下，其实难副。但我知道，这份沉甸甸的奖励，不是给我一个人的，是给一群人的。我更不能忘却的，就是这二十二年艰苦的岁月里，贵州省四千多万各族父老乡亲和我们风雨同舟，不离不弃……我再一次借这个机会感谢所有帮助过我们，帮助过FAST的人，谢谢！谢谢！"

为了纪念FAST落户贵州，同时感谢平塘县人民

为服务"中国天眼"建设、保护"中国天眼"环境所作的贡献，经国际天文学联合会小天体命名委员会批准，中国科学院国家天文台将我国天文学家发现的三颗小行星，命名为"平塘星""黔南星"和"贵州星"。

2017年4月，南仁东的生命进入了倒计时。由于身体虚弱，他常常拄着一根登山杖保持身体平衡。在最后的日子里，他仍然坚持参加工程例会，并且通过电话、电邮和同事们交流。

每周一的工程例会已经开了20年了，没有特殊情况他都不会缺席。又是一个周一，大家以为南仁东不能来了。当他出现在会议室门口的时候，所有人都投去了关切的目光，屋里安静极了。

南仁东的声带受损，说话很困难，不得不提前离会。大家都没想到，这一别竟是永诀。后来大家回忆起来，都觉得他是来告别的，最后来看一看大家，看一看FAST。

2017年9月15日晚，南仁东因病逝世，享年72岁。距离"中国天眼"落成启用一周年还差10天。他为了人类能够更好地探索宇宙，耗尽了生命的最后能量。南仁东让中国睁开了"天眼",而他却闭上了双眼,离开了我们,令人痛惜。

这一天,大窝凼的星空格外明亮,最爱FAST的南仁东变成了宇宙中一颗明亮的星星。

2018年10月15日,中国科学院国家天文台宣布:经国际天文学联合会小天体命名委员会批准,中国科学院国家天文台于1998年9月25日发现的国际永久编号为"79694"的小行星被正式命名为"南仁东星"。

同事们都说,FAST是南仁东用生命换来的。长时间的巨大压力,压垮了他身体的免疫系统,令南仁东原本健壮的身体不堪重负。

20多年来,南仁东始终以超强的责任感来应对超负荷的工作量,癌症发病后仍然坚持工作。这是一种不惜以命相搏的悲壮。

斯人已逝,令他魂牵梦萦的只有FAST。南夫人说:"他最大的遗憾,就是命运没有再给他一点时间,让他再为FAST做一点工作。在临终的时候,他念念不忘的仍然是FAST。"

2018年9月30日，著名雕塑家吴为山创作的南仁东雕像在北京举行了揭幕仪式。从此以后，南仁东将与他心爱的FAST同在。

居里夫人在给外甥女的信中说："我以为，人们在每一个时期都可以过有趣而且有用的生活。我们应该不虚度一生，应该能够说，'我已经做了我能做的事'，……我也是永远耐心地向一个极好的目标努力。我知道生命短促而且脆弱，知道它不能留下什么，知道别人的看法完全不同，但是我仍旧努力去做。……我们每人都吐丝做自己的茧，不必问原因，不必问结果。"

南仁东的一生恰好就契合了居里夫人的观点。他没有虚度此生，而是做了自己能做的事情。FAST是南仁东人生中的最后一次拼搏，他选择用生命里最后的23年与FAST在一起，创造出举世瞩目的工程奇迹。

南仁东虽已离去，可他心爱的FAST将会继续成长，完成它的科学使命。

南仁东的话语犹在耳边："暗物质、暗能量、黑洞、宇宙起源、天体起源和生命起源，FAST有五项基本的科学目标，大致都瞄准了国际上最前沿的天文方向。FAST建成后比任何现有的望远镜灵敏度都高。一个性能超过世界上其他设备的望远镜，我不信会没有它能做的独特科学研究。"

南仁东的话得到了证实。

2017年10月10日，他走后不到一个月，中国科学院国家天文台召开了FAST首批成果新闻发布会，宣布FAST"中国天眼"首次发现脉冲星的成果：一颗编号J1859-0131（又名FP1-FAST pulsar #1），自转周期1.83秒，据估算距离地球1.6万光年；另一颗编号J1931-01(又名FP2)，自转周期0.59秒，据估算距离地球4 100光年。这两颗脉冲星均已得到国际认证，我国由此实现了中国望远镜发现脉冲星"零"的突破。

遗憾的是，南仁东却没能和大家一起聆听到这来自宇宙边缘的美妙声音。但人们相信，他一定感觉到了。

南仁东是FAST的倡导者、设计者和建设者，

FAST因南仁东而生，没有南仁东，就没有FAST。人们亲切地称他"天眼之父"，一点儿也不为过。

南仁东用生命的最后23年，选择了与FAST一起"燃烧"。如果有机会让他重新选择，是要为建成FAST而劳累，还是放弃FAST去享受生活，甚至再活10年，他还是会选择前者。

"我特别不希望别人记住我。"他曾和家人说过这样的话。

做过FAST项目的人都非常敬重南仁东。在他过世之后，很多合作过的企业、单位、科研工作者纷纷打来电话吊唁，为他的离去表示难过。

南仁东不会再到办公室来了，他的门口摆满了鲜花。有人经过他的办公室时，会鞠躬注目，或者在门口站一会儿，他们多么希望，隔着门能再次听到那一阵紧似一阵的咳嗽声，甚至希望南仁东能够突然打开门从里面走出来，像从前一样。

南仁东病逝后，他的家属向中国科学院国家天文台转达了他最后的要求：丧事从简，不举行追悼仪式。

2017年11月17日，中共中央宣传部追授南仁东

"时代楷模"荣誉称号。南仁东为工程的推进、建设和发展殚精竭虑，身患重病却奋斗在一线，为成就一国重器奉献终身，无愧于这一称号。

他的夫人郭家珍给时任中国科学院国家天文台台长的严俊发来一条催人泪下的消息：

我的先生南仁东一定不曾奢望会得到这样一份至高的荣誉称号。他就是千千万万中国知识分子当中的普通一员，普通得不能再普通：他不曾有过任何豪言壮语、宏图大志，他只是恪尽职守，终其一生完成了他应该完成的那一份工作。是这个伟大的时代成就了他，使他点点滴滴平凡的工作和生活折射出不平凡的光辉；是博大精深的中国文化滋养了他，养成他淡泊名利、坚持真理、一诺千金、善良勤劳的优秀品格；是无数科技泰斗教育和影响了他，给予他渊博的学识，铸就他敢为人先、迎难而上、坚韧不拔的科学精神。他就是您的邻居、朋友或同事。他身体力行的不过是这个伟大时代赋予每一个中国人的职责。这块奖牌不仅凝聚着祖国和人民对他一生品格和成就的肯定，更凝聚着祖国和人民对每一位普通劳动者的期待，捧在手里沉甸甸的。不是英雄造时势，而是时势造英雄。让我们每一个人都从点点滴滴做起，为实现中华民族伟大梦想继续砥砺前行。

南仁东常说，人的一生总要做点事。他用生命中最后的23年，只做了一件事。

2019年9月29日，中华人民共和国国家勋章和国家荣誉称号颁授仪式在人民大会堂举行。南仁东被授予"人民科学家"国家荣誉称号。

从"时代楷模"到"人民科学家"，南仁东是清华大学的骄傲，是FAST的骄傲，是中国人的骄傲。

一个民族只有多一些仰望星空的人才会有未来……

此时，人们耳边又回响起了南仁东沙哑的声音："美丽的宇宙太空，以它的神秘和绚丽，召唤我们踏过平庸，进入到无垠的广袤。"

南仁东热爱这个世界，对"美"有着独特的理解与极致的追求。他以命相搏，广博的胸怀与大爱，则

是他留给世人最美的绝唱。他在建设FAST的过程中
写下了这样一首诗：

春雨催醒期待的嫩绿，

夏露折射万物的欢歌，

秋风编织七色的锦缎，

冬日下生命乐章延续着它的优雅。

大窝凼时刻让我们发现，

给我们惊奇。

感官安宁，

万籁无声。

美丽的宇宙太空，

以它的神秘和绚丽，

召唤我们踏过平庸，

进入到无垠的广袤。

01

宅心仁厚
鞠躬尽瘁

在"中国天眼"基地，有个南仁东纪念馆，这里复原了南仁东的办公室，十几平方米的小屋子里简单得不能再简单：一张桌子、一台电脑、一把椅子。一点儿也不像一个伟大的天文学家的办公室。

他的桌子朝墙放着，他说这样一抬头看到的是墙，不会受视野里其他物件的影响，可以很踏实地工作。这里有南仁东生前用过的削笔刀、餐巾纸、茶叶包、润喉片、信笺、铅笔、橡皮、三角板、订书机……这些东西是那么普通，但同事们都精心保留了下来，因为那上面有南仁东亲切的气息，是它们陪伴着南仁东完成了FAST预研、项目建议书、可研及初设，主持攻克了钢索疲劳、动光缆等一系列技术难题，直到生命最后一刻。它们清晰地"目睹"着他一根接着一根地吸烟，"听到"他间或咳嗽一声，一声比一声重。

这里展示着他的工作笔记，上面有密密麻麻的公式图表，还有一些英文的文章底稿，有着经过无数次修改的痕迹。

南仁东基本没有休息日，节假日也常到办公室加班。对每天收到的上百封邮件，他认真阅读和回复，并对一些邮件专门注明"不必回复"，尽量不麻烦别人。如果出差了找不到网络，他会很不安。

南仁东生前还特别重视天文学教育和科普工作。他常说，天文事业的金字塔是很难搭建的，要靠几代人共同努力，天文科普是关键。要培养孩子们从小就喜爱天文学，需要很专业的科学家去做这件事。搞科普比搞科研还难，因为科普需要厚积薄发。科普可以不精确但必须正确，需要深入浅出。

1996年，他自编教材《射电天文》。此后每年授课70学时，培养了20多名研究生，并且有多名博士研究生获得了研究员的职称。同年，他还向国家教育委员会提交了《关于加强高校天文选修课的倡议书》，受到了关注，对后来高校的天文学教育产生了影响。

南仁东格外关注贫困地区孩子的教育。1996年，他在贵州选址，看到八九岁的小女孩在放羊，衣衫单薄，这本该是上学的年龄啊！于是，南仁东给贵州省黔南布依族苗族自治州大数据管理局局长张智勇写了一封信，随信夹寄了500元钱。信中提到，他下乡看到农村有的家庭还很穷，孩子上不起学，委托张智勇寻找合适的学生，资助他们完成学业。

从那之后，南仁东连续四五年寄钱，资助了几十个贫困学生，直到他们上完中学。

杨天明说："南仁东先生还在我们学校资助了几个贫困生。有一次，他们来那天刚好下雨，有两个学生光脚丫没穿鞋。他临走的时候留下了一些钱。后来，他们天文台的科研人员还给200多个学生买了文具和书包，平塘县文联的雷远方老师也来过。南仁东先生长期资助了5个孩子直到他们毕业。现在，这些孩子都20多岁了，我还记得他们的名字……"

北京天文台在平塘县者密小学开办了天文班，在这里，孩子们第一次听天文科普讲座，第一次见到真正的科学家，第一次听说宇宙形成于一次大爆炸，产生了大量的引力波，引力波有宇宙诞生之初"第一声啼哭"的说法……对这些原初引力波的探测，能帮助我们更好地理解宇宙的诞生和时空的本质，复原宇宙之初的场景。

孩子们第一次对天文学产生了兴趣和无限的想象，有的立志要做天文科学家，长大了要用FAST这个"大耳朵"聆听宇宙的"第一声啼哭"……

南仁东和他的同事们给孩子们买来了电脑、电视、望远镜和大量的文具，还捐了3万元。

这么多年，南仁东帮助过多少孩子没法详细地统计，但是贵州大山里的孩子们记得他，记得有个爷爷帮助他们完成了学业，走向了更广阔的未来。

南仁东纪念馆里陈列着平塘县卡罗乡人民政府写的收条：

今收到县政府王佐培县长转来北京天文台南仁东台长救助卡罗乡失学儿童资助款陆佰元整。

纪念馆里还有平塘县平塘民族中学初二一班莫书林给南仁东写的信……

南仁东很爱护自己的学生。学生们生活条件不好，南仁东经常带他们出去改善生活。他在学生身上倾注了大量的心血。FAST六大系统的总工程师中，有三位是他培养出来的博士研究生。

他对学生也很严厉，发现问题会直接提出来，不留情面。有时候学生们会感到脸面上挂不住，但他批评完了，会很耐心地告诉他们解决的办法。学生们知道，照南老师说的做，问题就会迎刃而解。

南仁东对工作很严谨，跟他汇报工作，要做好充分的准备，否则被他提出质疑会很难堪。他认为，一个人不可能什么都懂，什么都精通。他可以容忍别人犯错误，但无法容忍不认真、不谦虚、不诚实、不懂装懂的工作态度。

那时候，曾有个年轻人来应聘，说自己学的是俄语，南仁东就用俄语问了几个问题，年轻人没有回答上来，又说自己学的是日语，南仁东又用日语提问，年轻人倒吸一口凉气：这个老师怎么什么都会啊？

南仁东是FAST的总指挥，他忙碌的身影总是出现在FAST建设工地的第一线。

他关心一线工人，经常对他们说："辛苦了，工地条件不好，注意安全！"

他经常坐在地上和他们聊天，看看有什么困难。他在工地上遇到工人会直接喊出他们的名字，他知道他们干哪个工种，老家是哪里，工资是多少，甚至谁家生了孩子，谁家有什么喜事，都瞒不了他。

有一天晚上，南仁东到工棚来看大家。下工了，工人们都在休息，有的在闲聊，有的跟家里通着电话，有的眯着眼睛躺在床上。他们见南仁东进来，还拉着个大箱子。

他们连忙坐起来："南老师来了，那是带的啥？"

南仁东打开箱子，拿出外套、T恤、裤子，还有一些鞋，说道："这些衣服也不值多少钱，你们别嫌弃，将就着穿吧！"

原来，南仁东得知工人们都是来自贫困地区，家里条件很艰苦，就打电话给现场工程师雷政，请他了解一下工人们的衣裤尺码。趁着回北京开会的间隙，他和老伴儿去选购了一些衣物。

"怎么会嫌弃呢，您真是太客气了！"大家兴致勃勃地试穿着新衣服，找到自己满意的，就往身上套。紧接着大家就跟南仁东攀谈起来。聊得渴了，一个工人用自己的饭盒给他倒了一碗白开水，南仁东也不嫌弃，想都没想，接过来一饮而尽。

在平塘县射电办李孟良的印象中，南老师是个年

逾六旬的科学家，他身材瘦小，精神矍铄。他醉心学术，态度非常严谨，一切都以学术为原则，苛刻得不近人情。每次开会讨论技术问题时，他绝对是整个会场的主导人物。他可以为了一个技术细节与同事们辩论得面红耳赤。他挥舞的手势和铿锵的语调无不显示出一种张力和让人信服的魄力。

南仁东有时候脾气不算好，却不专横，重要的技术决策都会充分听取其他同事的意见。他特别容易发现同事们的闪光点，常常鼓励大家进行发散性思维和头脑风暴。

南仁东患病后，仍然坚持到办公室工作。后来被迫住进医院，同事们去看他，他说："把你们的事做好就行了，不要来了，来也不许带东西。"

2010年，FAST工程高级工程师杨清阁被查出患有多发性甲状腺结节。南仁东知道后，不断向他了解病情，嘱咐他尽快治疗。在他手术期间，FAST工程正处在攻坚阶段，多个系统和子系统的方案都没有确定，南仁东和同事们还抽出时间到医院去看他，让他非常感动。

2011年，杨清阁的甲状腺结节复发，南仁东得知后又特意叮嘱他不要耽误病情。手术后，杨清阁出院上班了，南仁东还提醒他工作中要多注意身体。

有一个周末，杨清阁和妻子在公交车上碰巧遇到了南仁东。车正在行进中，南仁东站不稳，摇摇晃晃地朝他走过去，凑近了仔细看他的脖子，还用手轻轻地抚摸着他脖子上的伤疤。好一会儿，他才仿佛松了口气，缓缓地说："这恢复得挺好的……"

南仁东满眼慈祥，那种关切的眼神，就像一个想快点儿知道儿子病情的老父亲。下车后，杨清阁的妻子感慨地说："老杨，遇上南老师，你真是太幸福了！"

2017年4月底，南仁东的学生甘恒谦跟腱受伤住进了医院。南仁东听说后很着急。他和老伴儿商量着要去医院看看小甘。

此时南仁东病情恶化在住院，护士不让他出门，怕感冒。小甘所在的医院离他不算太远，南仁东和老伴儿瞒着护士在门口打了辆出租车。

病房门开了，是南老师夫妇！手里还拎着滋补品。老师重病在身还来看受小伤的学生。甘恒谦激动得说

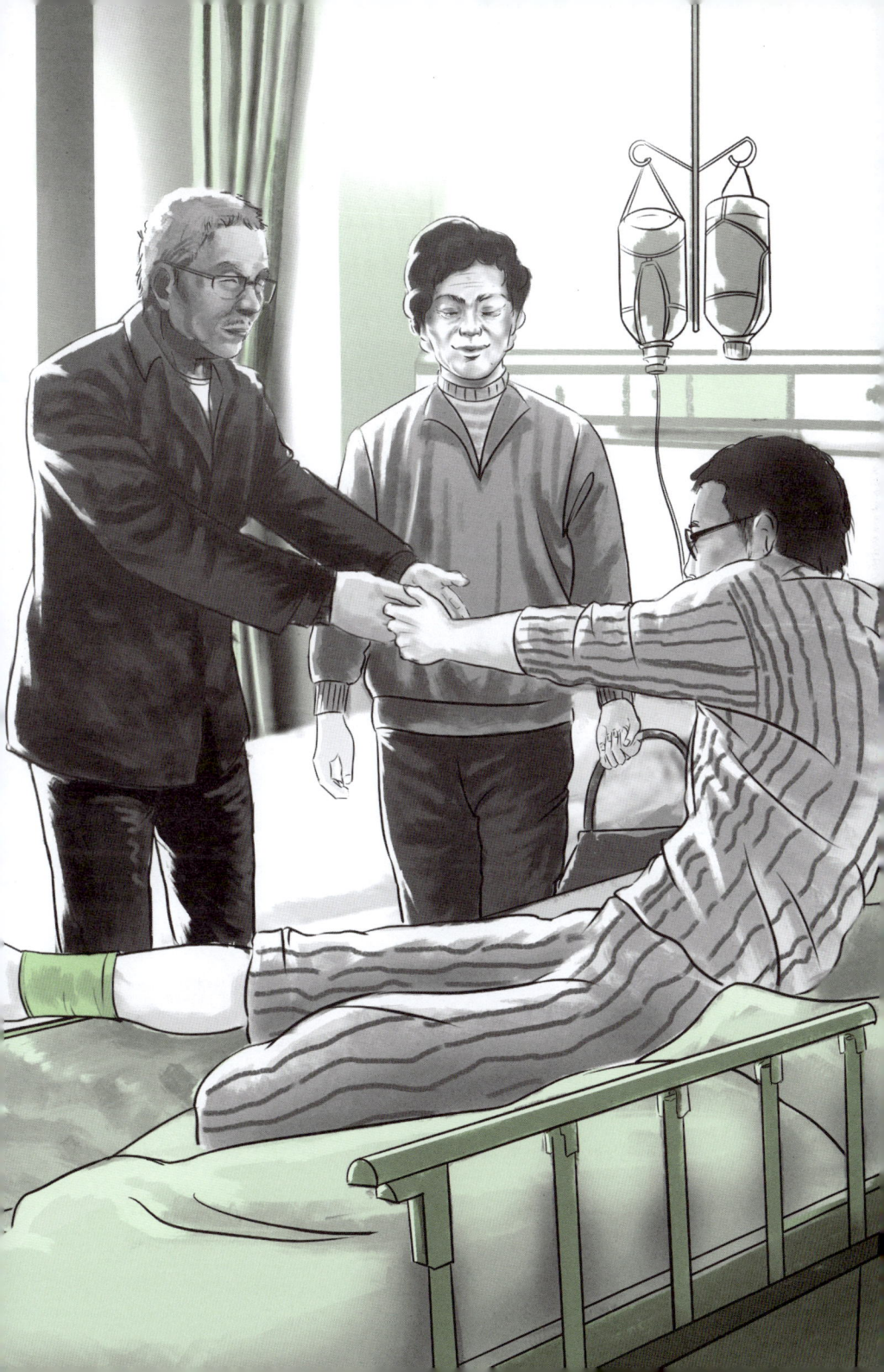

不出话来。

　　作为南仁东的学生，他们谈论的话题还是FAST。一直到老师出门，甘恒谦才突然想起来，忘了说一声"谢谢"，可是脚伤又不能动，就没有追出去。

　　几个月后，听到老师去世的消息，甘恒谦泪如雨下。没想到那次见面，竟然成了永别，那一声没有说出口的"谢谢"，也成了生命里永远的遗憾。

　　2017年5月，姜鹏在贵州FAST现场给南仁东打电话汇报完工作，问他："老爷子，听说您要去美国？"南仁东用低沉的声音说："你有时间回来吗？"姜鹏说："工作太忙，离不开。"

　　谁能想到，4个月后，噩耗传来。姜鹏打开南老师发来的最后一封邮件，沉思了很久，给南老师回复道："老爷子，咱们还能聊聊吗？怎么感觉我的心情糟透了呢……"

　　学生们深情地追忆最尊敬的南仁东老师：

　　南老师，每当大家提到您的名字，一定会和"中国天眼"连在一起。如今，您却永远地离开了我们，永远地离开了您最心爱的"天眼"。如果"天眼"也有眼泪，一定会为您流下感激的泪、思念的泪、期待的泪。当举世瞩目的"中国天眼"遥望太空，清晰地发现了多颗脉冲星，我们激动得想要向您报喜时，却只能将思念透过"天眼"，追随您进入广袤无边的宇宙。

......

南老师，您没有用语言教导过我们要正直、善良、乐观；您也没有用语言教导过我们工作要兢兢业业、精益求精；您更没有用语言教导过我们要无私奉献、淡泊名利。但是，行胜于言！您的身影，就是我们追随的目标；您的品格，就是我们学习的榜样；您未完成的心愿，就是我们努力的方向；您的精神，更是激励我们不断前行的动力！

08

地球上看得
最远的地方

　　偏远闭塞的贵州山区大窝凼，因为FAST的落成启用，结束了一个村庄原始的状态，被称作"地球上看得最远的地方"。同时，作为国际射电天文论坛的永久会址，这里也成为世界瞩目的国际天文学术中心。

　　如今提到贵州，人们不仅仅想去看看黄果树瀑布，还一定想要去看看"中国天眼"。大窝凼已经成为把贵州展现给世人的又一个窗口。

　　进入克度镇航龙村天文科学文化园，穿过中轴迎宾广场，在游客服务中心坐电瓶车，20分钟即可到达FAST观景台。

　　作为世界上最灵敏的"耳朵"，FAST很怕电磁波的干扰，哪怕是最普通的电器发出的电磁波，在它那里都如同一场电磁风暴。

　　关于电磁波干扰的问题，有这样一件趣事：澳大利亚在修建一个射电望远镜时，因为没有充分考虑电磁波的干扰，在投入使用后，发现有一不明电磁波在干扰望远镜的运转。经排查发现，原来是附近一户人家在使用电磁炉……

　　为了保障FAST不受干扰，平塘县关闭了核心区周边的7个通信基站，并将一个基站降低功率；关闭了FAST核心区周围的10个大理石矿山；停止核心区一切项目的招商工作；对矿山进行了植被恢复。

以FAST台址为圆心，它的周边30公里内为宁静区，分层级严控电磁波干扰：半径5公里为核心区，没有一个乡镇，也被称作"静默区"；5至10公里为中间区；10至30公里内为边远区。

这些措施极大地保障了FAST周边的宁静。

进入景区参观的游客，哪怕是国内外重量级的人物，都无一例外地要接受严格的检查。这样的检查比飞机场的安检还严格：不仅不能带打火机等易燃易爆物品，而且手机、照相机、智能手环、对讲机、遥控车钥匙，甚至手表等一切电子设备都不能带入，要求全部存入密码箱保管。

进入"静默区"，顿觉远离尘世一般。没有手机，似乎与外界失去了一切联系。此时会想到很多：没有互联网、智能手机的时代，人们有更多的时间见面、写信、交流，环境轻松而单纯……

观景台位于FAST旁，爬700多级台阶即可到达。

沿途植被茂密，风景秀丽，但极其宁静，连鸟鸣都没有，也许是做了防鸟措施吧。每一段都设置了精美的星座雕塑和关于FAST的介绍，令游客在攀登过程中便对其概况了然于心。

登上观景台向下俯视，FAST的全貌尽收眼底。到此的人都会惊呼：好一口银色的大锅！说FAST是大锅特别形象，它的圈梁像锅沿，球面反射面像锅面，馈源舱停靠平台是锅底。

FAST到底有多大呢？

它的直径500米，有30个足球场那么大。有人测算过，如果里面放上米饭，够全世界每人吃4碗。

美丽的FAST被群山环绕，和丛林融为一体，相得益彰。在这里仿佛能看到南仁东和同事们忙碌的身影。在FAST 建设的过程中，无数的科学家、科研人员和建筑工人殚精竭虑，挥汗如雨……

从观景台回来，可以参观天文博物馆和天文体验馆。你可以了解射电天文史、宇宙演化简史、黑洞、脉冲星、引力波、河外星系、星座等天文知识；还可以去射电天文厅、天文科普厅、星系探秘厅、天象厅、星际冒险厅观看数码影像、天文视频、地质5D视频、球幕电影，通过多媒体科普、互动体验获得身临其境的天文体验；更可以了解FAST的详细介绍和诞生经过，去听一听脉冲星如天籁般的美妙声音……

在南仁东离开以后，他的愿望在一点点实现。FAST工程的打造，使这里成为全国最著名的天文科普教育基地，已有几百万人在这里接受了天文科学知识的普及和教育。

傍晚，在天文科学文化园穿行，天气晴好的时候，在酒店门口可以看到一架硕大的专业天文望远镜，游客们在排队观测星空。负责这项工作的人是邓天华，在酒店工程部工作。他把望远镜对准星座调好，耐心地教游客如何观测，还时不时回答一些很专业的问题。

那天刚过农历八月十五，月亮又大又圆，当它从树丛中跳出来的时候，我拿出手机，把摄像头对准望远镜的镜头，拍下了它美丽的身影，上面能看到清晰的陨石坑，像一颗颗晶莹的小水珠。

邓天华告诉我，他家在附近的前进村，这里三分之二的员工是附近村的。2016年文化园里的大酒店开业招工，他就来了。来这里之前，他在外面做电工。那时候虽然和现在收入差不多，但在这里工作可以天天与家人团聚，老人和孩子也可以得到照顾，心情特别好。

每年寒暑假，"天文小镇"就会迎来游人如织的旅游旺季。旅游的兴起为当地村民提供了大量的就业机会，大批外出打工者纷纷返回家乡。

FAST改善了当地人民的生活，使这个贫困县的经济日益繁荣。

在南仁东纪念馆里有一封小学生寄给南仁东的信：

我是贵州大山里的一个小学生，今年在我的家乡建成了世界上最大的"天眼"射电望远镜。我从小就有一个梦想，长大后成为一名航天员。我认真学习，就是为了给我的梦想打下坚实的基础，长大后我要像你们那样"飞"向太空，探索宇宙的奥秘，为我们的祖国作出伟大的贡献。

随着科技的进步，我的家乡发生了翻天覆地的变化。一条条柏油路四通八达，一幢幢高楼大厦拔地而起。以前在大城市才能看到的博物馆和文化园，现在在我的家乡也能看到了。随着旅游业的发展，我们的爸爸妈妈不再外出打工，在家门口就能挣钱。我们也不再是留守儿童，可以尽情地享受爸爸妈妈的爱。更让我高兴的是，"中国天眼"坐落在我的家乡，让我有机会到天文体验馆去参观，了解更多的天文知识。我觉得离我的梦想又近了一步……

希望航天员叔叔能在太空看到我的幸福生活，看到"中国天眼"这口"大帅锅"！

夜空中俯瞰大窝凼，FAST闪烁着美丽的光芒，它默默伫立，与天空中的"南仁东星"遥相对望，那是望穿苍穹的"眼睛"，是南仁东科学生命的完美绝唱，更是南仁东精神的丰碑。

FAST是给更多的天文学者建造的，南仁东寄重望于后来人。他曾说："希望后来者尽快完成望远镜的调整和试运行观测，希望他们有运气能够获得巨大的天文学成就来回馈国家，回馈人民，回馈射电天文界。"

他的愿望实现了。FAST已经通过了各种观测模式的验证，调试进展创造了国际同类设备的世界纪录。

截至2019年9月，科学家们通过FAST已经探测到100多颗优质脉冲星候选体，越来越多的新脉冲星得到了国际认证。中国射电天文学研究领先世界，从跟跑者成为领跑者。国际上很多著名的天文学家陆续加入以中国为主导的天文项目中。FAST使我国的天文学研究走到了世界舞台的中央，成为名副其实的大国重器。

中国的天文学家正以一种最美的姿态，去探寻神秘的宇宙，在科学的前沿领域不断突破，用世界上最灵敏的耳朵FAST，聆听来自宇宙深处的声音。我们期待着FAST能够接收更多地外文明发出的召唤，解开那些不为人知的谜团。

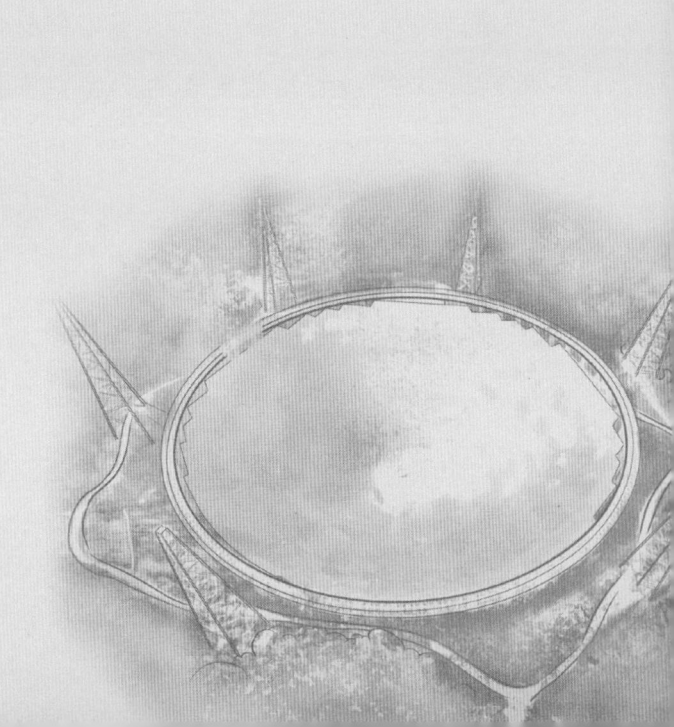